なぜあの経営者はすごいのか

数字で読み解くトップの手腕

山根節
ビジネス・ブレークスルー大学院教授
慶應義塾大学名誉教授

ダイヤモンド社

はじめに

「プロ経営者」は経営する

「自由企業制度の将来は、『経営者はまさしく経営しなければならない』というスローガンに忠実であらんとするか否かにかかっている」（P・F・ドラッカー）[1]

近年、新聞や雑誌などに「プロ経営者」という文字が躍るようになった。また経営誌にはたびたび経営者の投票による「経営者ランキング」も発表され、経営者の力量比較に焦点が当てられるようになった。

しかし何をもって「経営のプロ」というのか、極めて曖昧である。今日「プロ（プロフェッショナル）」という言葉はエキスパートと同義語として、ないしアマチュアの反対語として使われる。しかしプロ・アマの境界は相対的ではっきりしない場合が多い。これが「経営のプロ」となると、資格があるわけでもなく、明快な定義やアマとの線引きは難しい。経営者をどう評価したらいいのか、という問題は世界で問われている。

プロ・アマを分けるのは結果業績だろうか。それは一つの評価要素であることは確かだが、しかし会社を成功させた人がプロかというと、必ずしもそうとも言えない。成功・不成功は時の運もある。逆に結果を残せなかったから、プロではない、とも言えない。ファ

1 P.F. ドラッカー『ドラッカー HBR 全論文』DHBR 2010 年 6 月号より抜粋。

ーストリテイリング会長兼社長の柳井正氏は『一勝九敗』という本を書いたが、九敗したから失格者だとか、六勝四敗で収めればプロだとかいうことはできない。経営は、勝率で評価できないのだ。

まして目先の会計業績や時価総額で、経営者の良し悪しを判断するのも間違いだろう。アメリカには、会社をV字回復させて高額ボーナスを受け取った経営者がいなくなった後、実は会社の実態がボロボロだったという事例がたくさんあった。

逆に在任中に結果を出せなかった経営者が、一〇～二〇年後に社員から「今日あるのは、あの人のおかげ」と称賛されることもある。短期的業績と長期的繁栄はトレードオフということが多い。

かように経営者の評価とは、どこまでいっても曖昧なものなのだ。

「プロ」という言葉は、もともと西欧社会の三大職種であった聖職者、医師、弁護士に付けられた「プロフェッション」から由来している。プロフェッションとは定義的に、体系立った理論的知識を有し、教育訓練を経て資格が認められ、高い倫理観と共に社会全体の利益のために奉仕する専門職のことである。

つまり「①体系立った理論的素養」、「②教育訓練レベルの高さ」、そして「③高邁な理念」がプロフェッションの前提とされる。この必要条件は、「プロ経営者」にも応用できると考える。つまり次のような必要条件である。

①体系だった経営理論の素養
②教育訓練によって蓄積した深い経験値
③人を惹きつける高い志やオリジナルの理念

この本は、「経営のプロ」とはどんな人で、何をする人なのか、という極めて茫洋としたテーマにチャレンジしている。確かに曖昧さは完全には払底できないとしても、この本で取り上げた人々は、少なくとも右の要件を満たしていると思う。

ドラッカーが指摘した「日本企業の弱点は経営トップ」

ピーター・ドラッカーは日本的経営を極めて高く評価していた人である。日本が低迷を続けた「失われた一〇年」の時代でさえ、「日本を侮ってはいけない」と言い続けたほどである。しかしその彼が次のような言葉を残している。

「日本企業の弱点は経営トップにある」
「日本の経営トップは経営しない」[2]

日本人は勤勉であり、日本のミドルが優秀という声をよく聞く。しかし日本のトップの評価となると、特に海外から否定的な見方が多いのはどうしてだろうか？

アメリカでは「経営者はプロフェッショナルな職業」ととらえられている。専門的な教育を受け、役割の定義がはっきりした仕事と考えられている。

2 1997年のインタビューより。Forbes Japan,Nov.2014,p66

しかしわが国では「経営トップの仕事」が明確に認識されていない。それは多くの論者も指摘している。

「事業部長として優秀だった経営者が大企業の社長としては問題となることもしばしばある。…事業責任者をやれる人は案外いるけれど社長が務まる人が少ない、という経営陣の人材的偏りとつながっている」（伊丹敬之[3]）

「あるとき突然『君が次の社長だ』と言われても、『それは何をやる仕事ですか』と聞く人は少ないと思います。つい『わかりました』と言ってしまう。しかし社長経験者でもない限り、本当はわかっていない可能性もあると思うのです。…社長業を務めていて、『あなたは何をやる人ですか』という質問に明確に答えられるかどうか。何をやったか、は答えられても、責任や役割については答えられないことが、特に日本では多いのではないか、という印象があります」（安渕聖司[4]）

筆者もこうした意見に同感である。

組織のトップの仕事が明確に意識されていないというのはおかしなことだが、それはトップの選び方に一つの原因があると考えられる。

日本のトップが選ばれる最も多いパターンは、中間管理職時代の成功実績で指名されるというものだろう。ミドルの時代にものすごく頑張り、実績を積み重ね、いわばそのご褒美もあって「良くやった。お前が次の社長をやれ！」と。

3 伊丹敬之『経営を見る眼』東洋経済新報社、2007。

4 安渕聖司『GE 世界基準の仕事術』新潮社、2014。

実績で選ばれたトップは、自分がこれまで経験した領域については非常に詳しい。例えば技術出身のトップなら、技術部門の議題にやたら口を出す。あるいは自分の担当部門だった事業の話になると、細かいウラまで知り尽くしているので、現場担当者のあらゆる言い訳を先回りして追い詰めたりする。

しかし自分が経験していない仕事の話になると、「財務はあまり詳しくないので」などと言い訳して「よきに計らえ！」を決め込む。

日本ではトップはミドルの延長線上にあると漠然と受けとめられている。しかし実はミドルの仕事と経営トップの仕事は〝まったく異なる！〟。

中間管理職はいわば「部分最適」の仕事をしている。組織全体の部分領域を任せられる。多くの場合、成就すべき目標やミッションが上から降ってくる。役割が決まれば期待を上回る成果をあげるのは、日本人ミドルにとってさほど難しいことではない。

一方、経営トップは、「全体最適」を考える。目標やミッションが与えられるわけではない。それを自らデザインして決め、人々に示すのがトップである。しかもそれは困難で悩ましい仕事である。

例えば壮大なビジョンを掲げて高い目標を設定すれば、リスクは飛躍的に高まる。投資が大きくなり、失敗の反動が大きい。さらに従業員も付いていくのが大変で、組織が疲弊する。

逆にビジョンを小ぶりにすれば従業員も楽だが、今度は株主が許さない。株価が下がり、自分の地位すら危うくなる。意思決定はいつも悩ましいが、ビジョンはトップが決めなければならない。

社内の資源配分を決めるのも、同様だ。マーケティング投資に力を入れると、研究開発や財務の部門長が文句を言い始める。新規事業に優秀な人材を集中配分すると、既存事業の担当者たちは反発する。不振部門を切ろうとすれば、大多数が反対する。しかしトップが決めなければ、会社は迷走する。とはいえ、全員ハッピーで丸く収まる意思決定はない！

経営トップの意思決定とは、悩ましいトレードオフ関係の代替案から一つ選ぶ行為である。三つ代替案があるとすると、二つは捨てることになる。決めるとは捨てることなのだ。日本には捨てられないトップが多いが、「全体最適」を考えて「決める＝捨てる」のがトップの仕事である。

「部分最適」と「全体最適」。中間管理職と経営トップの仕事は、かようにまったく違うのだ。

しかし日本では「ミドルの双六《すごろく》のアガリがトップ」のように考えられ、ミドルが「経営トップとは何か」を知らないまま、トップに引き上げられる。経営を勉強する機会もなくトップになってしまう。そしてトップに就くや、「何をしたらいいのか」わからないのである。いきおい「経営をしない」で、時をやり過ごすことになる。

経営の全体像とトップの六つの仕事[5]

それではあらためてトップの仕事とは何だろうか?

ドラッカーは経営トップ(CEO)の仕事を次のように定義している。

〈経営トップの仕事〉[6]

①重要な外部を定義する。「顧客は誰か?」「顧客の価値とは何か?」を問い続ける
②「われわれの事業は何か? 何であるべきか?」を繰り返し自問自答する
③組織の精神、価値観や基準を決め、組織をつくりあげ維持する
④現在の利益と未来の投資のバランスを図る
⑤次のトップを育成する
⑥対外的に組織を代表し、重大な危機に際しては自ら出動する

ドラッカーが言う「①重要な外部の定義」とは、いわば戦場の状況を俯瞰し、敵を見定めることである。

「敵」というのは経営の場面では、財布の紐を固く締めているお客である。多くの場合、それは最終消費者である。さらに同じようにお客の財布を横から狙う競争相手がいる。消費者やライバルを包む「戦場」は、業界や地域、日本や世界へと広がりつつ、つながって

5 詳しくは拙著『MBAエグゼクティブズ―戦略、マネジメント・コントロール、会計の総合力』中央経済社、2015年を参照されたい。

6 P.F.ドラッカー『マネジメント』ダイヤモンド社、2001年より。ただし年代によって多少内容や表現を変えてきているので、筆者の編集を加えている。

いる。これらを総称して「経営環境」と呼ぶ。

企業は環境の中で生きている。環境とうまく適合できないと生存できない。それが自然界の法則である。

企業はヒト、モノ、カネ、情報といった「経営資源」を持っている。経営環境を読み、手持ちの経営資源の質量を量ることで、優れた戦略を組み立てることができる。「己を知り戦略を組み立てる」ことは、ドラッカーの言葉に置き換えれば「②われわれの事業は何か?…」となる。

では具体的に、企業の経営戦略とはどんなイメージだろうか。

建物の建築に例えよう。もしあなたが「良い建物を建てたい」と思った時、まずやらなければならないのは「良い設計図を描く」ことであろう。

そのためには建物に要求されている周囲のニーズや要件を考え、自分の土地やカネなど手持ち資源を量り、建築士と相談しながら設計図を練り上げていく。経営では、この「環境との関わり方に関する長期的設計図」を経営戦略と呼ぶ。

建築は設計図ができあがれば終わり、ではない。次にいい大工さんを確保し、必要な資材を集め、資金を調達し、図面通りに工事が運ぶように日程計画を立て「Plan-Do-Check-Act」のサイクルに落とし込み、そして工事チームをコントロールしていかなければならない。この実行過程の仕事を「マネジメント・コントロール（マネコン）」と呼ぶ。マネコンは数値化した経営計画に落とし込まれる。したがってドラッカーの言葉では「③組織をつくりあげ維持する」（③の後半部分）と「④現在の利益と未来の投資のバランスを図る」ということになる。

経営戦略の中身が変われば、マネコンも変わる。「世界一を目指す」戦略と、「ローカルで堅実な利益を上げる」戦略とでは仕組みやプロセスはまったく異なる。だからマネコンのシステムやプロセスも戦略に応じた設計が必要である。そしてそのプラン（Plan）の下、実際に現場をリード（Do）し、コントロールしていくこと（Check & Act）がリーダーに求められる。

コントロールの対象は、ヒト・モノ・カネ・情報という経営資源だが、もちろんモノ・カネ・情報はヒトによって働きが決まるので、ヒトのマネジメントがマネコンの本質である。

ドラッカーが言う「④…未来の投資」で最も重要なのが、人材投資である。とりわけ後継トップの人材を育成するための投資が必要になる。後継トップを生む連鎖システムを作らないと、企業は長期的生命を持ちえない。だからドラッカーは「⑤次のトップ育成」を挙げている。

戦略の決定要素＝経営理念

建物の設計を組み立てる時、実はもう一つ重要な決定要素がある。それは「どんな建物が好きか？　その建物でどう暮らしたいのか？」といった主《あるじ》の理想や価値観である。

企業経営では、これを経営理念と呼ぶ。経営理念とは組織が共有すべき理想や価値観、行動規範、信念の総称であり、ドラッカーの「③組織の精神、価値観や基準を決め…」がそれである。

では経営理念とは具体的にどんなものか。筆者はよく「織田信長・桶狭間の戦い」を例え話にして説明する。

桶狭間で信長軍はわずか二〇〇〇の兵で、今川軍二万五〇〇〇と対峙した。これだけ手勢に差があると、普通では「敵の軍門に下ってネゴする」くらいの戦略しか思い浮かばない。しかし信長の理念は「天下取り」であり、「降伏するくらいなら討死がまし」という信念があった。これが一点突破の奇襲作戦を生み、そして信長は歴史をブレイクスルーした。

つまり戦略や戦術を決めるのは、理念である。経営も同じで、「何がやりたいか？　何をなすべきか？」が決まらなければ設計図は決まらない。

困ったことに、日本のトップはここがはっきりしない人が多い。

図表 0-1

経営の全体像と CEO の 6 つの仕事

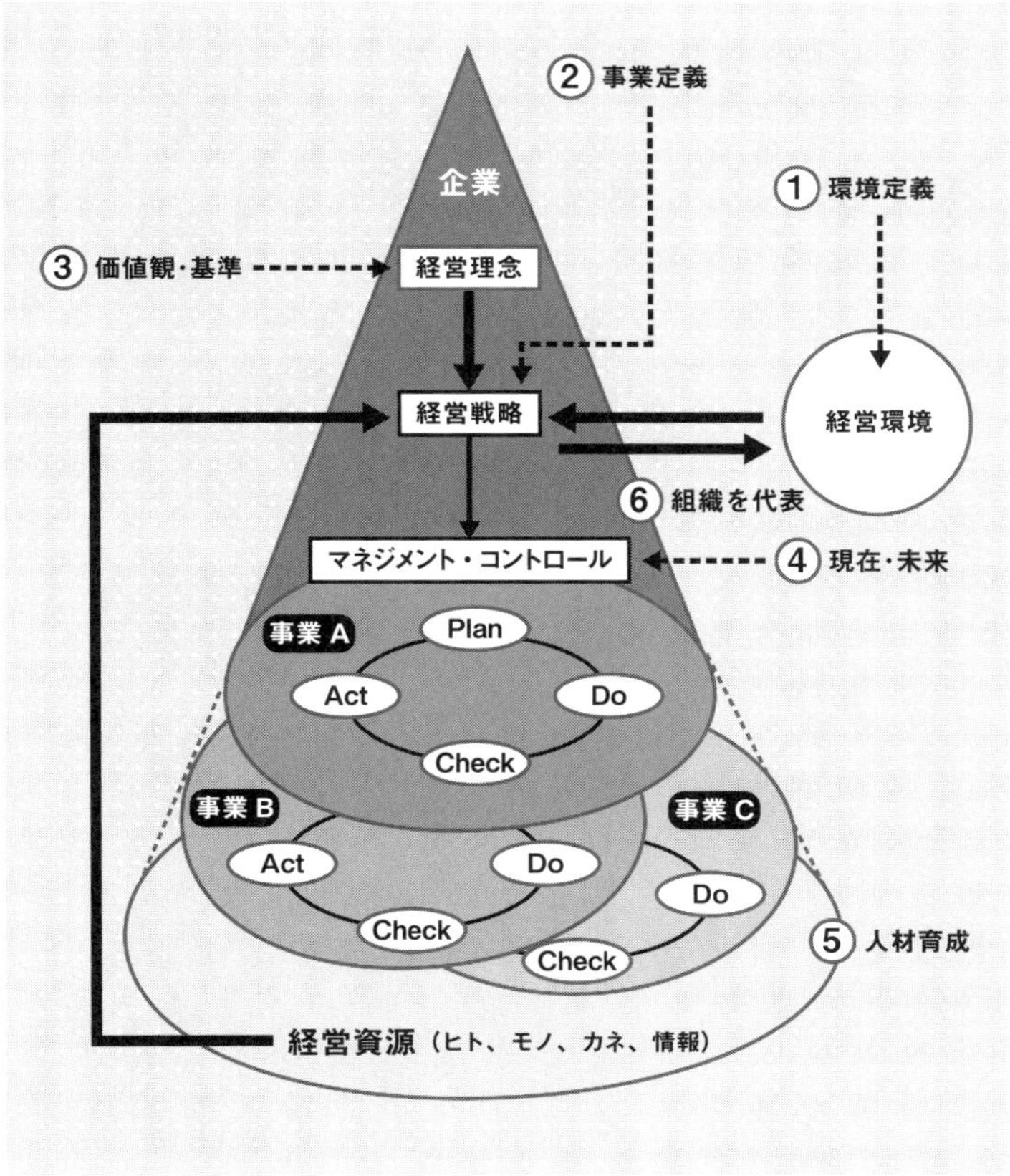

「この企業をどうしたいですか？　貴社の製品サービスを通じて社会とどう関わりたいですか？」という質問をトップに投げかけると、スパッと明快に返してくれる経営者は少数派である。世界一が好きか、地方企業のままでいたいか、設計図はまったく違うはずだ。しかしそこが判然としないトップが多いのだ。

トップが担うべき経営の全体像を表したものが、前ページの〈図表０－１〉である。ドラッカーの言葉に即して言えば、経営者の仕事とは経営環境を定義し（①）、経営戦略をデザインし（②）、組織が共有すべき経営理念を決めて組織を維持し（③）、マネコン・サイクルを設計する（④）。そして次の経営を担う人材を育成し（⑤）、さらに例外事項の発生時には組織を代表する（⑥）。これがトップの仕事である。

ビジネスモデルを構成する利益方程式の重要性

経営理念を具体化する経営戦略は、最終的に数値で描かれた経営計画に落とし込まなければならない。定性的な言葉だけでは具体性を欠き、組織の人々にとって明確なゴールが見えず、現実的な行動を起こしにくいからである。現実の経営は会計数値と不可分である。だからドラッカーも「④現在の利益と未来の投資のバランスを図る」という言い方をしている。

経営と会計を統合して考える戦略概念に、「ビジネスモデル」がある。ビジネスモデルという言葉は流行り言葉で、明確に定義されずに使われている傾向が強い。しかしハーバード・ビジネススクールのクリステンセンは次の四つのプロセスからなるものと定義している。

〈ビジネスモデルを構成する四つのプロセス〉

①顧客価値の提供（CVP）
②利益方程式
③カギとなる経営資源
④カギとなる業務プロセス

CVPとはドラッカーがトップの仕事の第一に掲げた「顧客は誰か？」、「顧客の価値とは何か？」に答えるものであり、これが明確でなくてはならない。それを支えるのが③と④のカギとなる経営資源および業務プロセスである。①は戦略、③と④はマネコンを指している。

そしてクリステンセンが特に強調しているのは、②の利益方程式が明快かどうかということである。

利益方程式とは、収益モデル（売上を稼ぎ出す仕組み）と原価構造からなる。事業継続のためには、利益または現金をどう稼ぐのかについて具体的に示す必要がある。世の中には、一見するとストーリーは美しいが、利益方程式を欠いた戦略が多い。クリステンセンは、それを欠く経営戦略は失格だというが、当たり前である。ビジネスモデルとは、経営と会計を統合する経営戦略を指すのである。

同じハーバードのマグレッタも、失敗するビジネスモデルは次の二つのどちらかが合格点に達しないものだと指摘している。

①ストーリー・テスト（話の筋道が通っているかどうか）
②ナンバー・テスト（収支が合っているか）

世の中の経営論議は、定性面ばかりに注目したものが多いが、会計的チェックのない戦略は不十分なのだ。

本書では、経営者の経営手腕に言及していく中で、会計数値にもスポットライトを当てた。これはナンバー・テストのためである。

経営教育は好きな経営者のベンチマークから

ここまで「トップの仕事」について長々と述べてきたのは、第1章以下で取り上げる「経営のプロ」と目される経営者たちは、トップの役割をきちんととらえ、それにしっかり取り組んでいるからである。つまり役割概念を明確に認識して「経営する経営者」が「経営のプロ」と考えられるが、そのことが彼らにははっきりと見てとれるからだ。

定義と呼ぶには曖昧さが否めないが、あくまでイメージとして「プロ経営者」を次のようにとらえ、論を進めたい。

「プロ経営者とは、理論的素養と深い経験値、そして高い志をもち、トップとしての役割を明確に認識し、それを高い水準でこなすトップのこと」

この本で「経営のプロ」を明らかにしたいと考えたのには理由がある。それは筆者がビジネススクールの教師だからである。

多くの人に誤解があると思うが、ビジネススクールは無味乾燥な経営理論だけを教えているわけではない。経営は人間臭いものである。個性的な経営者は、それぞれの理想や価値観を強烈に発信している。同様に経営者の卵であるビジネススクールの学生（ほとんど社会人）も、自分の理想や価値観を持つ。したがって学生の間で、経営者に対する好き・嫌いが分かれる。

しかしそれで良いのだ。学生は自分の価値観に合った好きな経営者のスタイルをベンチマークする。料理人の見習いが、憧れる板前やシェフの一挙手一投足を盗み、自分のものにしていくように、学生も〝惚れた経営者〟の経営スタイルを学ぶことで、自分流の経営観を組み立てていくのだ。

ビジネススクールでは、教師が作成した経営の実例を「ケース」と呼ぶ小冊子にまとめ、学生に読み込ませたうえで討議する。「この企業の強みは何か？　弱み（問題）は何か？　あなたがトップだとしたら、これからどう経営していくか？」を討議しながら授業を進める。いわゆる「ケース・メソッド」である。

経営は人間臭いと言ったが、ケースはその多くが「経営者のストーリー」になっている。ストーリーを深く読み、「この経営者はなぜこんな意思決定をしたのか？」、「なぜそれが成功に結びついたのか？」、「落とし穴は何か？」といったことを構造的に考える。そのうえで、「自分だったら、こんな意思決定をするだろうか？」とか、「自分ならこの経営者のどこを参考にすべきか？」や「この経営者と比べて自分には何が足りないか？」といったことを自省も含めて見つめてもらう。こうして自分の血肉にしていくのが、ビジネススクールの教育である。

授業の討議教材として、経営者の評伝の本を使うことがある。また経営誌や経済紙の記事を使うこともある。企業の特集記事の中には、経営者の事細かなストーリーが描かれたものも多い。しかし高飛車に言うわけではないが、評伝や記事の多くは、現象面だけ撫でたものが多い。ビジネススクールの学生に気づきを与えるには、構造的な解析が浅いのだ。

ここに筆者のような経営の研究者の役割がある、と思っている。

多くの人は高い実績を挙げた経営者の話を聞いて「すごい人だ」とは感じても、イマイチ話の内容にピンと来ていないケースが多い。それは多くの場合、経営者の言葉が、学生が理解できるまで翻訳されていないからだ。

「名プレーヤーは名コーチではない」とよく言われるが、野球のカリスマ・プレーヤーから「球がこうスッと来るだろ。あとはバァッといってガーンと打つんだ」とかアドバイスされても、野球少年はどうしたらいいか戸惑うだけだ。

有名シェフの料理を盗むのに、「流し台の鍋をコッソリ舐める」のでは、たくさんの料理人は育たない。しかしレシピを文書化すれば、広く学べる。経営も同じで、経営者のスタイルは経営を学ぶ人たちに伝わるレベルまで翻訳し、レシピに分解する必要がある。そして経営の場合の「レシピ」に欠かせないのが数字である。経営者の活動がどのように効いて、業績数字に表れるのかが経営の伝授には問われる。そして、経営教育のためには、経営の研究者という〝語り部〟が必要なのである。

本書ではポイントとなる経営数字を押さえながらプロの経営を解き明かした。プロ経営者たちのケースから、その経営手腕を読み解くことで、経営を学ぶ一助になれば幸いである。

なぜあの経営者はすごいのか

目次

はじめに

第1章 孫正義 巨大財閥をもくろむ大欲のアントレプレナー

第2章 松本晃

「右手に基本、左手にクレド」のシンプル経営実行者

第3章 永守重信 電動モーターに人生を賭けるエバンジェリスト

第4章

似鳥昭雄

猛勉を続ける執念のオープン・イノベーター

Column M&Aの成功確率

第5章 新浪剛史

自ら「やってみなはれ」続けるイントラプレナー

第6章 岡藤正広 言霊パワーを駆使するビッグビジネス・リーダー

第7章 星野佳路 お客と社員の「おもてなし」プロフェッショナル

第1章

巨大財閥をもくろむ大欲のアントレプレナー

孫正義

Masayoshi Son

1957年生まれ。
1981年：日本ソフトバンク設立
1990年：ソフトバンクに社名変更
1994年：ソフトバンク上場
1995年：コムデックスへ資本参加
1996年：ジフデービスを買収
2001年：Yahoo! BB開始
2006年：ボーダフォン買収
2010年：新30年ビジョン策定

「発明するプロセス」の発明家

今や最も世間から注目を浴びる日本の経営者といえば、その筆頭はソフトバンクグループ[1]孫正義社長であろう。

孫は、世間からは「勇猛果敢なギャンブラー」のように見られている面がある。過去に「投機家」、「山師」とまで呼ばれたこともあり、「彼は投資家であっても、経営者ではない」と批判する人が多いのは事実である。しかし本当にそうだろうか。

孫の発言や実際の行動を丹念に追っていくと、その経営行動は創業以来一貫したポリシーに基づいていることに気づく。つまり経営の理念や基本設計にブレがない。そこにプロ経営者たるゆえんを見出すことができる。

孫の経営戦略とその実現のための方法論とは、一体どんなものなのだろうか。それを物語る若い頃のエピソードがある。

孫の伝記[2]によれば、彼は高校一年生の時、日本の進学校を捨てて渡米する。そして米国カリフォルニア大学バークレー校（UCバークレー）に飛び級で入り、そこで「音声つき電子翻訳機」を発明する話が出てくる。

彼は幼少の頃から起業しようと心に決めていた。その軍資金を作るために、ユニークなものを発明しようと思いつくのだが、彼がユニークなのは「一つ一つ発明していたのでは

1 2015年7月より、従来のソフトバンクからソフトバンクグループに社名変更された。同時に無線通信子会社のソフトバンクモバイルがソフトバンクに変更された。以下、ソフトバンクグループをソフトバンクとしている。

2 井上篤夫『志高く―孫正義正伝』実業之日本社、2004。

埒があかない。発明するプロセスを発明しよう」と考えたことにある。

そこで彼が編み出したのが、思いつく限りのキーワードを並べ、パソコンでランダムに三つのキーワードの組み合わせリストを作り、その組み合わせから発明品のアイデアをひねり出すという方法である。それぞれの発明アイデアには「新しさ、コスト、アプローチのしやすさ」などをポイント化して評価し、総合点の高い順に並べ…、というプロセス設計をした。こうして二五〇の発明アイデアがリストアップされた。

その中の一つに、手っ取り早く商品化できるものとして「使い捨ての便座カバー」が出てくる。洋式トイレの便座は他人のお尻に触れるようで、気持ち悪さが残る。そこで「発泡スチロールの便座カバー」を思いつく。

早速、いつも食べているハンバーガーの外箱の発泡スチロールを集めて切り開き、便座カバーを試作してみた。これはコストもあまりかからず、作るのもたやすい。おそらく商談もすぐにまとまるだろうから、いい収入になるに違いない。しかしここで孫は考えた。

「日本、いや世界を相手に事業を興す者が便座カバーからスタートしたとあっては、志が低すぎやしないか」

ここが孫らしいのだが、儲けるためだけの発明品はすべて切り捨てた。

やがて孫は、発明アイデアの中から「スピーチシステム、辞書、液晶ディスプレイ」の三つのキーワードを組み合わせた、「合成音声つきのエレクトロニック・ディクショナリー」に絞りこむ。

海外旅行中に外国人と話す時、日本語で「空港へはどう行けばいいですか?」とキーボードで入力すると、英語やフランス語に同時に翻訳され、しかも声が出るデバイスである。コンピュータにつながる、この事業アイデアには夢があった。

彼はこれを製品化するためにUCバークレーの高名な研究者たちを説得して役割を振り、プロトタイプを完成させる。そして特許を申請したうえで、日本のシャープに売り込み(現在のシャープ製品の特許の一部になっているという)、結果として一億円の軍資金を手にするのである。

このエピソードは孫のビジネスの構想力をよく表している。「一つ一つ発明する」のでは、単品ごとの成功・不成功に一喜一憂することになる。「そんな悠長なことをやっていては大きくなれない」。もし「ユニークな発明品が次々と生まれるプロセスを発明する」ことができれば、偉大な事業家になれる。こう考えたのである。

その後の彼の成功は、いわば「ユニークな事業が次々と生まれるプロセスを発明する」というモデルによってもたらされた。孫は理想が壮大なだけでなく、実はリアルなプロセス設計者でもある。

時価総額二〇〇兆円財閥という野望

二〇一〇年に孫は「新三〇年ビジョン」を発表する。

そこで「三〇年後に世界でトップ一〇の会社になる。少なくとも（時価総額で）二〇〇兆円規模になっていなければならない。現役最後の大ボラ吹きだ」とぶち上げた。

そして「ソフトバンクの事業領域は情報産業。情報革命の考えは創業一日目から変わっていない。三〇年後も三〇〇年後もこの一本」と断言した。

ソフトバンクの本業は技術開発ではない。優れた技術を持つ企業と組んで「一緒に提供していく」モデルである。自ら生み出すというより、資本提携やM&Aで事業を拡大する。孫の二〇〇兆円企業のロジックは次のようなものだ。

会社が三〇年間存続する率は〇・〇二％にすぎないという数字があり、九九・九八％の会社は倒産や解散、吸収で存続できなくなっているという。成長を遂げるには、自前主義で事業を作っていくのではダメで、同志的結合でオープンに創造していくことが重要だというわけである。

ソフトバンクがこれまで出資や買収を通じて傘下に収めた企業は、現在約八〇〇社を超える。

「三〇年後にはグループを五〇〇〇社くらいに拡大したい。その頃世界中にコンテンツやサービスをやる会社が五〇〇万社は出てくると思う。その時価総額合計は一〇〇〇兆円位になっているはずだ。ソフトバンクグループ五〇〇〇社は社数としてはシェア〇・一％だが、売上や時価総額では二割くらいとりたい」

だから「一〇〇〇兆円×二割＝二〇〇兆円」というわけである。二〇〇兆円という途方もない数字をぶち上げた経営者は今まで見たことがない。だから本人が言うように「大ボラ」ということになろうが、孫は至って真剣でもある。

二〇一五年現在、米国スプリントから続いた大型買収の連続の後で、心境を聞かれて孫はこんな風に答えている。

「俺はまだやりたいこと、やるべきことの一〇〇分の一も成し遂げていない。…実に自分はちっぽけな存在で歯がゆい思いをしている。たるんでいると思う」

「ＩＴ企業には共通の問題点があります。三〇年ライフサイクルです。世界を制すると思われたトップブランドの会社が、三〇年経つとピークを過ぎ、ほとんど成長しなくなる。テクノロジーと創業者、ビジネスモデルが古くなるからです。われわれはこうした大企業になり下がりたくない」

こうした発言の奥で、孫が描くプロセス設計がある。それはどんなものか。時価総額二〇〇兆円のインターネット財閥への道とは？

彼は「情報革命の考えは創業一日目から変わっていない」と言うが、彼の歴史をさかのぼって調べてみると、創業時から一貫して一つのことを言い続けていることに気づく。それは次の言葉である。

「情報革命のインフラの提供者になりたい」

この意味は何か？　実はこの言葉こそ、彼の方法論そのものを表している。

われわれ人類は今、農業革命、産業革命に続く「第三の波＝情報革命」という大変革のうねりの中にいる。ドラッカーは最後の著書『ネクスト・ソサエティ』で、「情報革命は始まったばかりであり、まだ黎明期にある。二〇～三〇年後に、今誰も想像できないようなＩＴを使った暮らしをしているに違いない」という趣旨の言葉を残している。情報革命はまだまだ発展途上なのだ。

その情報革命を担うのは誰か？　それはいつの世もベンチャー企業である。

大企業は過去に蓄積した資産を引きずり、革命に対する動きは鈍い。それどころか抵抗勢力になる場合が多い。積み上げた資産を無価値にする動きに対して防衛的になるからだ。対してベンチャーは失うものがない。革命をリードすれば次の時代の主役の座を狙うことも可能だ。だからベンチャーは情報革命のドライバーになる。

孫の言う「情報革命のインフラ提供者」とは、ベンチャーが育ちやすいインフラ環境を整え、情報革命を後押しする「場の提供者」という意味である。孫は、いわばベンチャーの梁山泊の中枢＝「場の元締め」を握ろうというのである。

情報革命の行方は、思いもよらない方向に進む。「情報革命のインフラ」もそれに応じてシフトする。したがって孫も「情報革命の方法論は問わない」と言い、その時代に最もふさわしいインフラに柔軟に乗り換えるのだ。

情報革命のインフラだった「ジフ＋コムデックス」

孫が最初に大ブレイクしたのは、米ヤフーへの出資がきっかけである。できたてのインターネット・ベンチャーだった米ヤフーに一一五億円出資し、同時にヤフー・ジャパンを立ち上げ成功をつかんだ。ヤフーへの出資は結果としてさまざまな形で（キャピタルゲインだけでなく、ヤフー・ジャパンの事業利益や関連投資も含めて）、何兆円にも及ぶ利益をソフトバンクにもたらした。

米ヤフーは一時代を画した情報革命のリーダーだったが、ヤフーを見つけてインキュベートした「インフラ」を孫はその前に手中にしていた。

孫は三〇代半ばに、大勝負を賭ける。ソフトバンクが一九九四年に株式を上場し、大量の資金調達に成功すると三〇〇〇億円を超える巨額買収に乗り出す。ちなみに一九九四年度の当期純利益は二〇億円に過ぎなかった。なかでも最大の買収が、見本市の会社と出版社の二案件である。一九九五年に世界Ｎｏ．１のＩＴ見本市運営会社コムデックスを約八億ドル（当時日本円で七四九億円）で実質的に買い、さらに全米Ｎｏ．１のパソコン雑誌『ＰＣ ＷＥＥＫ』を発行していた出版社ジフデービスを一九九六年に約一八億ドル（同一八五三億円）で買った。

まさにこの二社こそ、当時孫が考えた「情報革命のインフラ」だった。

一九九〇年前後にインターネットが普及し始め、米シリコンバレーには飛び抜けたアイデアをもつ夥《おびただ》しい数のＩＴベンチャーが次々と立ち上がった。当然、彼らはスタートアップのためにまず資金を欲しがる。そして高い技術や販売力をもった企業と組みたがる。単一の技術だけでは、商品にはならない。いろいろな技術やソフトウェアと組み合わせ、製造や販売を担う企業とも手を組むことで、初めて市場に商品・サービスを送り出すことができる。だから資金だけでなく、テクノロジーやマーケティング、そしてそれらの人材を調達できる組織と組む必要があるのだ。

しかし創業まもないベンチャーには人脈がないので、なかなかベンチャー・キャピタル（ＶＣ）やエンジェルたちの目に留まらず、起業資金もサポートも得られない。

筆者はＩＴバブルの最中《さなか》の一九九八〜九九年にかけてシリコンバレーのスタンフォード大学に研究滞在した。業界大手のベンチャーキャピタルを訪問した折、筆者が「どのくらいの数のベンチャーから出資要請が来るのか？」と質問した時、「一日に五〇〜六〇件は来る」と聞いて驚いた憶えがある。

「それをどうさばくのか？」と質問すると、「きれいなビジネスプランは、ほとんどゴミ箱行きだ」と答えたのでさらに驚いた。しかし訳を聞いて納得した。

当時スタンフォード大学の本屋には、「ビジネスプランの書き方」といった本やソフトがたくさん売られていた。ソフトに要件をいくつか入れると、きれいな経営計画書を容易に作成できる。代書サービスもあり、そんなものは真剣に見ても仕方ないのでゴミ箱行きというわけだ。

シリコンバレーは限られた人脈でつながるコミュニティになっている。その中には技術や市場の「目利き」がいて、そのコミュニティのネットワークに引っかかる案件でないと、VCも精査しない。斬新なアイデアを思い付いたくらいでは、取り合ってはもらえないのだ。

そんな中でベンチャーが大々的に存在をアピールし、デビューのチャンスをつかめるのが見本市であり出版社である。

世界Ｎｏ．１の見本市では、大企業が大きなブースを構える。しかし大企業だけの見本市はつまらない。来場者に驚きを与える、商談をすぐ始めたくなるような新顔ベンチャーが出展していないと魅力的な見本市にはならない。

そこで見本市会社は新技術に精通した業界通のスタッフを置き、いつも革新的なベンチャーを探し、ブースを無料提供するなど積極的に誘致するのである。ベンチャーにとっても格好のＰＲの場となるので、彼らもアプローチしてくる。だから見本市会社には有望ベンチャーの情報が溢れている。

出版社も同じである。パソコン雑誌は最先端技術や新ビジネスの動向を追いかけている。

これはと思う面白いベンチャーをいつも探している。そんな全米No．1のパソコン雑誌『PC WEEK』に、広告ではなく特集記事で大きく取り上げられたりすると、放っておいてもVCが寄ってくる。また技術や販売提携の売り込みが殺到する。

こんなエピソードがある。ソフトバンクは日本でパソコン雑誌を発行していたが、あるとき「ビル・ゲイツ特集」が組まれることになった。ゲイツにインタビューを申し込むとOKが出たので、孫自らインタビュアーとなり、マイクロソフトの本社があるシアトルを訪問した。インタビューが一通り終わると、ゲイツはテーブルに置いてあった雑誌を手にして、孫に聞いた。

「『PC WEEK』は、読んでいるかい」

「いや、英語版だから毎回は読んでいないが、ときどき眼を通しているよ」と孫が答えると、ゲイツはこう言った。

「ときどきでなく、毎号読んだほうがいいんじゃないか。あらゆる出版物の中で、ぼくは『PC WEEK』だけはなにより真っ先に見ている。第一面に何が載っているか、それでこの業界がその影響を受けて勢力図が一気に変わることもある」

孫が面白いのは、その後である。ビル・ゲイツのこの言葉を胸に刻みこんだ孫は、側近にこう漏らしている。

「いずれはジフデービスを買いたいな」

人脈から探し出したヤフー

見本市の運営会社も業界誌の会社も、いわばベンチャーに関するインサイダー情報の宝庫である。ここを握れば、良質なベンチャーを他人より早く見つけ出すことが可能である。さらにデビュー後の成長を見本市や雑誌を通じてＰＲし、成長の支援ができる。それによってベンチャーが育てば、情報革命が進む。

そんなシナリオを描いた孫は、見本市と業界誌の会社こそ、まさに当時の情報革命のインフラと見たのだ。

孫がコムデックスとジフの買収によって得た貴重な財産が、もう一つある。人脈である。コムデックス見本市やジフの出版物は、ビル・ゲイツやスティーブ・ジョブズといった世界のＩＴのＶＩＰたちも集まり、あるいは毎号購読している。そうした会社のオーナーという孫の立ち位置は、いわば業界団体の御意見番的な存在意義があり、誰もが良い関係を築いておきたいと考える。

実際、このブランド効果は抜群だった。以前は会うことがかなわなかった有力者が、向こうから「会いたい」とアポを入れてくるようになった。現実に孫はコムデックスの開会直後にビル・ゲイツからゴルフの誘いを受けているし、スティーブ・ジョブズやルパート・マードックらと膝詰談判できるほどの関係を築くことができた。

ビジネスを構築していくうえで何より大切な基盤が人脈であることは、経営トップならだれもが実感しているはずである。孫は二社の買収で人脈も獲得した。米ＩＴ業界のトップ人脈を手に入れるのに、孫にとって二六〇〇億円は安い買い物だったに違いない。

一九九五年のコムデックスで、孫はオーナーとして開会宣言し、壇上でその年の基調講演者だったＩＢＭのルイス・ガースナーＣＥＯを紹介した。講演が終わると、孫はコムデックスの新しいオーナーとして握手攻めにあう。孫自身が世界のＩＴ業界に華々しくデビューした瞬間だった。

そしてコムデックスやジフを含めてソフトバンクグループの幹部会が開かれる。その場で孫は、次のような意味の言葉を漏らした。

「これからベンチャー投資を本格化したい。ついては俺に宝物を教えてくれ。今一つに絞るとしたら、どこがいいだろうか。これがコムデックスとジフを買収した目的なんだ」

「だとするとヤフーだね」とジフの社長が応じた。

ヤフーは当時スタッフ一〇人前後のできたてのベンチャーだったが、ジフが注目していた。そこで孫はコムデックスの帰りにシリコンバレーに寄り、ヤフーの二人の創業者ジェリー・ヤンとデビッド・ファイロに会う。彼らに質問を浴びせると、孫は彼らの返答にいちいち唸った。即座に五％出資を決めた。

ヤフーのことが頭から離れなかった孫は、三か月後に彼らと再び会い、こう切り出す。

「筆頭株主になって本格的にヤフーを応援したい。日本の事業だけでなく、ヤフーのアメリカでの事業をもっと伸ばしたい。ヤフーをインターネットの大スターにしたいんです」

孫は「インターネットはスピード勝負だ。世界で同時に立ち上げて、一気に攻めよう」と語り、ヤフーに何と合計一一五億円（三七％）もの出資を提案したのだ。ヤンたちは当初断ったそうだが、孫の熱意に負け、出資を受け入れた。

できたてのベンチャーに一〇〇億円を超える投資は、さすがに勇敢を超えて蛮勇というべきだろう。孫のアーティスティックな直観力のなせる業であり、なかなか真似できるものでもない。ソフトバンク社内は皆反対だったという。しかし孫は押し切った。そして結果として、これが後に何兆円もの利益をソフトバンクにもたらすのである。

「ジフデービスなどに出資していなければ、ヤフーを見つけ出していたとしても説得ができなかった」と孫は後日語っている。ヤフーが出資を受け入れたのは、ソフトバンクがジフデービスやコムデックスを通じて、ヤフーを応援できる態勢にあったからである。ジフでヤフーの専門誌をつくり、ジフのテレビ局でヤフーと連動させる。コムデックスでアピールすることも、技術情報を流すこともできる。それが説得材料として役に立った。

孫はヤフーを育てるインフラ、つまり情報革命のインフラの提供者になっていたのだ。

ユニークなビジネスが生まれる組織体へ

孫は後にヤフーと同じことを、中国でもやってみせた。二〇一三年にソフトバンクが莫大なキャピタルゲインを得て話題になったのが、中国アリババである。

できたてのベンチャーだったアリババに二〇億円の投資（出資比率約三七％）をしたのは、二〇〇〇年のことである。二〇一三年アリババがニューヨーク証券取引所に上場したおかげで、追加分を含めて合計一一五億円の投資が八兆円前後の株式評価額に化けた。

アリババの情報をつかんだのは、孫がヤフーでの成功談を世界にＰＲした結果である。

孫のベンチャー投資の出資比率はせいぜい四〇％止まりで、支配はしない。ヤフーの経営の自律性を尊重しつつ、孫はサポートに徹した。ヤフー・ジャパンについては、ソフトバンク自らリードして成長させたが、米ヤフーに多額のロイヤリティとキャピタルゲインを提供するなど貢献した。

こうした投資姿勢を孫は世界にＰＲしたおかげで、「ソフトバンクはＶＣと違い、株を売り抜くために出資するのではなく、長期保有して成長をサポートしてくれる会社」という評価を広めることができた。これがベンチャーに好感されているのだ。

だからアリババも投資を受け入れた。現実に孫はヤフー中国をアリババに統合する仲介をしたし、ヤフー・ジャパンのノウハウを提供してアリババを支援した。そのリターンがアリババ株、八兆円のキャピタルゲインなのだ。

孫の側近が書き残した記録によれば、孫は自分のビジネスモデルを「鯉取り名人と同じなんだよな」と語っていたという。

「鯉取り名人」とは、すでに亡くなったが孫の故郷の近くにある福岡県・久留米市の筑後川の漁師で、「鯉とりまあしゃん（本名・上村政雄）」と呼ばれた人物のことを指している。川のほとりで「鯉の巣本店」という鯉料理屋を営んでいたが、独自の鯉漁法「鯉抱き」を編み出した人物で、その漁法はきわめてユニークである。

冬は鯉が美味しい季節だそうだが、極寒ともなると川の水は切れるほど冷たい。そんな河原で、「鯉とりまあしゃん」は焚き火に当たり、汗をダラダラかくほど体を温めたうえで裸のまま川に飛び込む。川底には鯉の巣があり、鯉は岩陰にじっと隠れているのだが、「鯉とりまあしゃん」が鯉の巣の前に静かに体を横たえると、鯉がぬくもりを感じて自然と寄ってくる。それを優しく抱きかかえて川底から上がり、船の上に投げ入れる。鯉は初めて、生け捕られたと気づくというわけである（「鯉とりまあしゃん」の漁法の映像は「YouTube」にも載っている）。

つまり相手（ベンチャー）がすり寄って来たくなるような仕掛けを用意し、相手を優しく包み込んで取り込むというわけである。孫のベンチャー出資は、出資であって買収ではない。「Ｗｉｎ－Ｗｉｎで行こう。ともに成長しよう」というメッセージを送るのだ。だから孫が提供する「情報革命のインフラ」は、ベンチャーが温かいと感じさせる孵化の場となりうる。

孫のビジネスモデルを「鯉取り名人モデル」と表現するならば、まさに「言い得て妙」という気がする。

孫は二〇一四年の決算発表会で、ソフトバンクを「金の卵を産むガチョウ」に例えた。「一つのモノや産業を作るだけでなく、組織体として多くの有能な起業家がソフトバンク内で芽生えて、力を結集する群戦略を取りたい」

これこそ、冒頭で紹介した「ユニークな事業が次々と生まれるプロセスを発明する」という孫のビジネスモデルである。

ベンチャーという金の卵が次々と孵化するならば、二〇〇兆円財閥という空前の構想も、あながち大ボラと片づけることはできない。

Ｙａｈｏｏ！ＢＢが起こした日本のブロードバンド革命

孫のその後の事業展開は、すべて「情報革命のインフラ提供者」という観点から読み解くことができる。

二〇〇一年に開始したＹａｈｏｏ！ＢＢは、孫自らリードして情報革命のインフラ構築を推進することになった。

Ｙａｈｏｏ！ＢＢは、ＮＴＴのダークファイバー（未使用の光ファイバー）を賃借して構築された。ソフトバンクはＮＴＴ局舎内に集線装置を設置し、そこから従来の電話回線を用いる方式で、極めて安価なインターネットの高速・常時接続サービスを開始したのだ。

この時、孫は捨て身の作戦に打って出る。インターネット接続に必要なモデムをタダで配るという作戦である。このモデムのコストは一台当たり一万円を超えていたが、ソフトバンクのパラソル隊が街頭で「赤い袋」に入れ、無料配布した。それを使えばNTTのADSLサービスのほぼ半額である月額料金三〇〇〇円弱で、インターネットが使い放題になった。当時、世界最安値となったサービスは人気を呼んだ。四年かけて会員数は業界トップの五〇〇万人を超えた。

しかし一件当たり契約獲得にかかったコストは三万円に達した。そのおかげで、ソフトバンクの最終赤字は〈図表1－1〉のように四年にわたり巨額なものとなった。

孫は後に、「あれほど苦しい戦いはなかった」と吐露する。自分にとっては「桶狭間の戦い」だったと。今川軍に挑んだ、信長の捨て身の戦いと同じ賭けだったと。

しかし結果として「革命」は起きた。ソフトバンクが毎年一〇〇〇億円前後の巨額の赤字を四年間垂れ流したおかげで、日本のブロードバンド利用料が世界一安くなり、ブロードバンド劣等国だった日本が一変した。孫が仕掛けた戦いが、日本を世界一のブロードバンド大国へ押し上げる契機となった。

なぜそれが可能になったかといえば、巨人NTTが動いたからである。ADSLでは勝負にならないと悟ったNTTは、ADSLをはるかに超える光ファイバーによる「光フレ

図表 1-1

最終赤字の推移

	売上高	当期純損失
2002 年 3 月期	4,053 億円	▲ 887 億円
2003 年 3 月期	4,068 億円	▲ 999 億円
2004 年 3 月期	5,173 億円	▲ 1,070 億円
2005 年 3 月期	8,370 億円	▲ 598 億円

ッツ」サービスを前倒しで普及させた。おかげで光ファイバーが日本全国に張り巡らされた。

孫の捨て身の戦いがＮＴＴを動かし、日本の情報革命は大きく前進することになった。

「日本の高速ネットの普及が、米国のはるか先に進んだのは孫さんの貢献が大きい」と、米シスコシステムズ社長のジョン・チェンバース（当時）は米国のインタビュー番組で語った。

二〇〇一年以降、楽天やライブドア、サイバーエージェントといった日本のＩＴベンチャーが成長を遂げたのは、Ｙａｈｏｏ！ＢＢのおかげといっていい。もちろんソフトバンクが出資していた日本のベンチャー企業も育ち、ソフトバンクの投資の含み益も膨らんだ。まさに孫は「情報革命のインフラ」を提供したのだ。

サイバーエージェント社長・藤田晋は二〇〇五年当時こう話した。

「孫さんがＹａｈｏｏ！ＢＢを手がけてくれたおかげで、

自分たちのビジネスチャンスが広がった。あと携帯電話事業にも進出してもらえれば、サイバーエージェントの三年後の目標である一〇〇〇億円の売上を前倒しできるかもしれない」

世界がリスペクトした日本のガラパゴス携帯

孫がＹａｈｏｏ！ＢＢの次に仕掛けた大勝負は、二〇〇六年三月の英ボーダフォン日本法人の買収である。

株式を一兆八〇〇〇億円で買収し、二五〇〇億円の負債を引き継ぐという総額約二兆円の、当時としては日本最大の買収案件だった。しかしボーダフォン日本法人は携帯三社の中で、一人負けの状態だった。二〇〇五年時点の携帯電話のシェアでは、ＮＴＴドコモ五三％、ＫＤＤＩ二六％に対して、ボーダフォンは一六％と後れを取っていた。

買収に伴って発生した買収プレミアムである「のれん」代は、一兆一一四四億円（他に「ソフトウェア」と評価した金額が二〇〇〇億円強。計約一・三兆円）に達し、高値買いと世間からこき下ろされた。

なぜ孫は高値で、日本の負け組携帯キャリアを買ったのか。それは当時の「情報革命のインフラ」の位置が変わり始め、世界の注目が日本の携帯に集まっていたからである。

二〇〇六年は、既に固定通信から無線通信に重心が移りつつあった。このプラットフォームの上でビジネスを立ち上げたいと構想するアントレプレナーは世界中にいた。そんな世界の起業家たちが目の色を変えてラブコールを送っていたのが、日本の携帯キャリアである。

当時、アメリカに日本の携帯電話を持っていくと、米国人は一様に驚いていた。まだアメリカの携帯電話が通話中心で、小さな白黒ディスプレイしか持たなかった時代である。日本の携帯電話は既に大きなカラーディスプレイを備え、おサイフケータイやワンセグ放送の視聴を可能にしていた。ＮＴＴドコモのｉモードやＫＤＤＩのＥＺｗｅｂには、今日のスマートフォンのアプリと似たサービスが溢れていた。日本は世界の遺伝子体系から外れたガラパゴスだったが、しかし突き抜けた先端的ガラパゴスだったのである。

つまり「情報革命のインフラ」は当時ガラパゴス日本にあり、孫が手掛けるのは必然だったのである。ＮＴＴドコモやＫＤＤＩはオープン政策を取っていなかった。したがって孫のもとに世界からオファーが寄せられてきたのは言うまでもない。

ｉモードは、ＮＴＴドコモの社外から集められた傍流メンバーによって立ち上げられたプロジェクトである。それをリードした夏野剛のもとに、二〇〇七年の初め頃、米グーグルのエリック・シュミットＣＥＯ（当時）がやってくる。

〝We respect you.〟と語りかけたシュミットは、モバイル・インターネットの基本ソフト（ＯＳ）の開発協力をドコモに求めにやってきたのである。

夏野は「ドコモから一〇〇人くらい開発陣を送り、積極的に関与しよう」と社内で提案したが、ドコモの経営陣は却下した。こうしてｉモードは世界に溶け込むチャンスを失いガラパゴス化した。しかし夏野のかつての部下だった米国人はグーグルに移り、グーグルのアンドロイドを担当した。またグーグル・ジャパンでも日本人エンジニアがアンドロイドに大いに貢献したのである。

米アップルは二〇〇七年に初代ｉＰｈｏｎｅを発売するが、ガラケーはやがてスマートフォンに取って代わられるようになる。こうしてモバイル情報革命の主導権は、またもやシリコンバレーに移ることになった。

「犬のお父さん」と「ｉＰｈｏｎｅ」で快進撃

ボーダフォン日本がソフトバンクモバイル（ＳＭ）に変わると、快進撃が始まる。買収した翌年二〇〇七年度では、ＳＭの契約純増数は二六八万件となり、前年度の七〇万件から約四倍と急増した。ドコモは前年度一四八万件から七八万件、ＫＤＤＩは二七五万件から二一五万件といずれも減少し、ＳＭは純増数でトップを続けることになる。なぜ孫は携帯電話事業で、勝てたのか。その理由はいくつかある。

一つは「犬のお父さん」のＣＭである。二〇〇七年六月にスタートしたこのＣＭは、ＣＭ好感度Ｎｏ．１を獲得した。ボーダフォン時代にはブランド・イメージ・ランキングで二〇〇位以下だったが、ＳＭはいきなりトップに立った。

このＣＭは電通が広告代理店各社のコンペに勝ち抜き、精鋭を集め制作したものである。孫はこの制作過程に現場レベルの会議にまで出席し、深く関与した。「犬のお父さんと外国人のお兄さん」の採用を決定したのは孫自身といわれている。

電通・高嶋社長（当時）は「あれが勝利の方程式」と話す。「あれ」とは、トップが広告の中身まで深く関与して、自らメッセージを発信することを指している。トップ自ら中身まで決定しないと、クリエイターの斬新な提案も度重なる社内会議の果てに丸くなって、消費者の心には刺さらない。

二つ目はアップル「ｉＰｈｏｎｅ」である。二〇〇八年七月のｉＰｈｏｎｅの発売からソフトバンクの契約増加に拍車がかかった。

孫は二〇〇五年に、アップル創業者スティーブ・ジョブズと会っている。まだ携帯電話事業に参入する以前にもかかわらず、孫はｉＰｈｏｎｅの独占販売権を求めた。この話は語り草だ。

「電話ができるｉＰｏｄを作ってみないか」と孫は自分で書いたスケッチを見せながらジョブズに語りかけた。

ジョブズは「マサ、君のひどいスケッチなんかいらない。僕には自分のがあるから」とｉＰｈｏｎｅのスケッチを見せてくれたという。それを見て、孫は驚き、「ちゃんと紙に書いて署名してくれ」と契約を迫った。

「ノーだよ、マサ。だって君はまだ携帯キャリアすら持っていないじゃないか」

しかし孫は食い下がる。

「スティーブ、君が約束を守ってくれるなら、私も日本のキャリアを連れてくるから」

実はアップルがｉＰｈｏｎｅの日本導入交渉を進めていたのは、ＮＴＴドコモだった。しかしアップルはドコモに対して、「ＮＴＴグループがもつ知的財産の利用」や「スマホ販売の五割をｉＰｈｏｎｅとすること」など高いハードルを示し、交渉は難航していたという。

そこに孫が割って入り、好条件を譲ったうえで導入契約を獲得した。孫のこの決断は当たった。ｉＰｈｏｎｅは単なるスマートフォンの範疇を超え、携帯端末の世界を一新する大ヒットとなった。

三つ目の勝因は「ホワイトプラン」を設定して、仕掛けた価格競争である。

ボーダフォン買収当時、各社の携帯事業の営業利益率はドコモの一七％を筆頭に、ＫＤＤＩ一四％、ボーダフォン一一％の順だった。装置型サービス業は固定投資が大きく、コストも固定費がほとんどなのでシェアの高い順に利益率が高くなる。ただ最下位ボーダフォンの営業利益率も二ケタ台で、いずれも高収益であることに違いない。携帯事業は三社による寡占状態なので、料金が高く高収益なのである。

しかしここにソフトバンクは価格競争を仕掛けた。ソフトバンクには他に売りがなかったので、仕方ない面があった。しかし寡占状態では価格競争は、通常は採用されない。なぜならばせっかく三社で分けている「寡占の利益」を破壊することになるからである。またもしトップ企業が価格競争を受けて立った場合、先に破綻するのは最下位企業である。

現実に、主要三社のＡＲＰＵ（一契約あたり月間収入）の平均は、二〇〇四年には七〇〇〇円強あったものが二〇〇八年には五四〇〇円に、そして二〇一三年には四五〇〇円と落ちこんでしまった。

しかし孫のこの決断も当たった。当初はｉＰｈｏｎｅがソフトバンクでしか買えないこともあり、ライバルから契約を奪い続けることになった。

通信設備投資を最小限にして競争に勝つ

〈図表１－２〉は、ソフトバンクとＮＴＴドコモの営業利益率と通信設備残高の推移を比較したグラフである。期間はソフトバンクがボーダフォンを買収して以来、スプリント買収前までである。スプリント買収以後は、日本だけの設備残高が開示されなくなった。

通信設備はどちらもバランスシート上の全額である。ただしドコモは無線通信事業しか行っていない。一方のソフトバンクは固定通信を含む通信設備の全額の数値である。

またドコモは全社の営業利益率だが、ソフトバンクのほうは「移動体通信事業セグメント」のみの営業利益率を表示してある。いずれも同じ基準で比較できないのだが、あえて並べてみた。

上のグラフを見ると、ソフトバンクモバイル（ＳＭ）の営業利益率はもともと低かったが、二〇一〇年度以降、逆転していることがわかる。二〇一一年度にＳＭの携帯事業売上高はやっとドコモの半分強となったが、利益率ではドコモと肩を並べて直近では凌駕している。

なぜこんなに収益性がいいのだろうか。それは下のグラフに一つの答がある。

通信設備のバランスシート残高で比較すると、二〇一〇年度末までソフトバンクの通信設備総額はドコモのそれの六分の一以下である。しかも二〇〇九年度末まで残高が増えていない。もちろん減価償却をしているので、まったく投資をしていないわけではないが、減価償却費の範囲内でしか追加投資をしていなかったことがわかる。減価償却費の額で比較しても、ソフトバンクの無線通信事業のそれは、ドコモの四分の一前後に過ぎなかった。

ソフトバンクは長い間「つながらない」と有名だったわけだが、それはドコモに比べるとつながらないという意味であろう。ドコモが高コスト体質であるのに比べ、ソフトバンクは設備投資を最小限に抑え、ひたすら利益を上げることに走ってきたことがうかがえる。

二〇一一年以降、ソフトバンクの通信設備額が急速に増えている。二〇一一年度はｉＰｈｏｎｅがＫＤＤＩからも発売された年である（現在は三社で販売）。ｉＰｈｏｎｅユー

図表 1-2

ソフトバンク vs NTT ドコモ

ボーダフォン買収後からスプリント買収前の年度までの推移

営業利益率

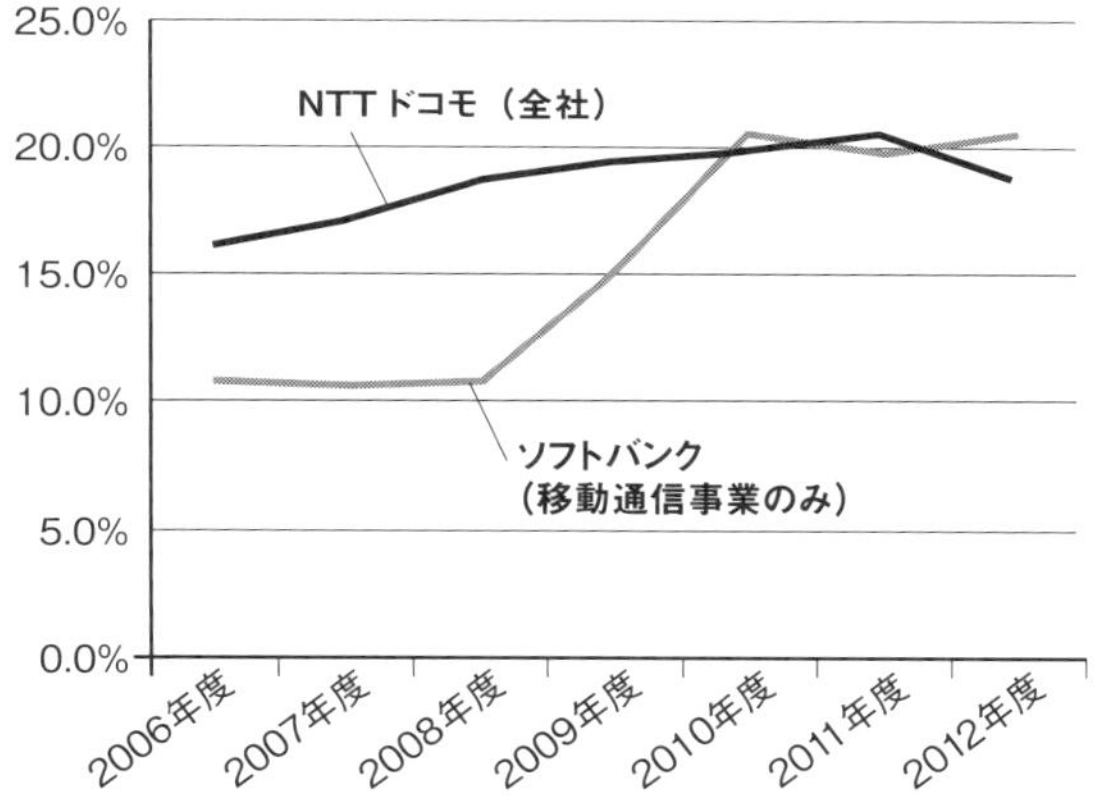

通信設備残高

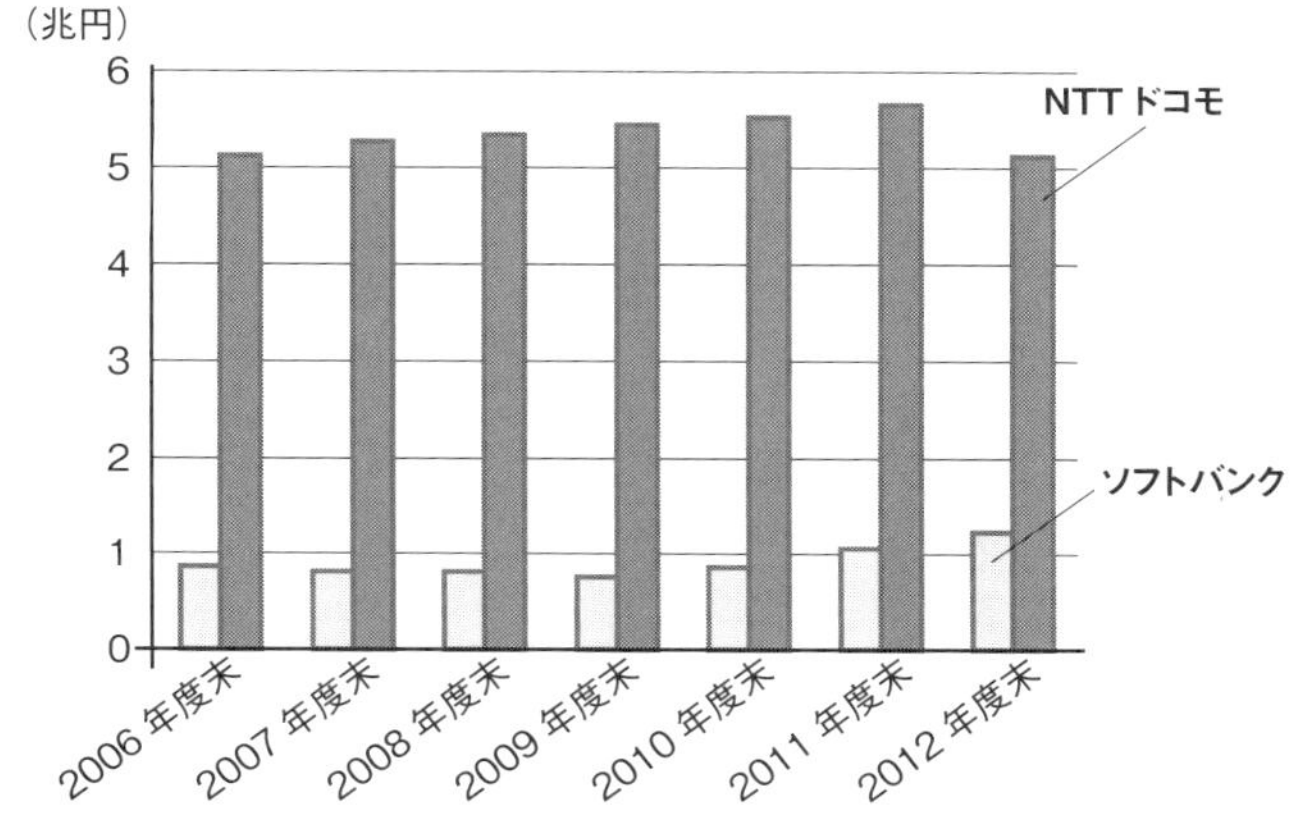

ザーがＫＤＤＩに流れ、ソフトバンクは「つながらない」対策を取らざるを得なくなった。

こうした戦い方を否定的に見るのはやさしい。しかし情報革命のための「桶狭間」と考えれば、なりふり構わない孫の戦い方はすごさすら感じる。

そして何より、通信キャリアで儲けること自体を究極の目的にしているのではない、ということだ。もちろん現在のソフトバンクは、国内事業から得られる利益に依存しているが、近い将来を考えれば日本の通信キャリア自体は成熟し、成長は望めない。

キャリアはパイプにすぎない。孫が重視するのは、ベンチャーが育つ場を提供することだ。もちろんソフトバンクが出資しているという前提が欠かせないが。

再びシリコンバレーへ、そしてロボット、インドへ

二〇一二年一〇月、ソフトバンクは米携帯電話三位のスプリント・ネクステルを買収すると発表した。スプリント株の約七八％を二一六億ドル（為替予約を含め日本円で約一兆八〇〇〇億円）で取得した。買収によってソフトバンクの携帯電話事業の契約数は、約九七一〇〇万件とＮＴＴドコモの約一・六倍になった。

その後、連続してドイツテレコム傘下の米携帯電話四位、Ｔ－モバイルＵＳの買収を試みたが、米連邦通信局の許可が得られず断念している。孫の戦略シナリオは、Ｔ－モバイルを吸収して、スプリントの顧客ベースを米二大大手のＡＴ＆Ｔやベライゾン・ワイヤレ

スと同等にすることだった。しかし現在のところ頓挫している。

なぜ米国の携帯キャリアを買収したのか。これも孫の一貫した戦略から読める。情報革命のインフラが一気にスマートフォンに移り、しかもそのメッカがまたぞろシリコンバレーに戻ったからである。ＩＴ革命の方向性を見さだめるのは難しい。しかし近未来の方向性が、モバイル、クラウド、ビッグデータ、そしてＩｏＴやロボットだとすれば、新世代ベンチャーと無線キャリアとの緊密な連携は欠かせないと考えられる。

したがって米国の無線インフラで存在感を見せないと、ベンチャーの良質な情報は入らない。それでは「鯉取り名人」の名にもとるのだ。孫は二〇一三年一月のＮＨＫインタビューで買収の意図について次のように語っている。

「あらゆるものがシリコンバレーを中心に発明され、再定義されている。アメリカを制するというよりは、本当はシリコンバレーを制するイメージ。そのシリコンバレーで最先端のものを作ってまとめ上げて、インテグレーションしていけば、世界の人々が最も求める次の時代の製品ができる、サービスができる」

〈図表１－３〉は過去二〇年間の資産合計（つまりＢＳ〈貸借対照表〉の高さ）と売上高（ＰＬ〈損益計算書〉の高さ）の推移グラフである。二〇〇七年と二〇一四年にＢＳ、ＰＬ共に大きくジャンプしていることがわかる。二〇〇七年はボーダフォンを買収した時、そして二〇一四年はスプリントに始まる一連の世界企業の買収へと走りはじめた時である。

図表 1-3

ソフトバンクの資産合計と売上高の 20 年間の推移

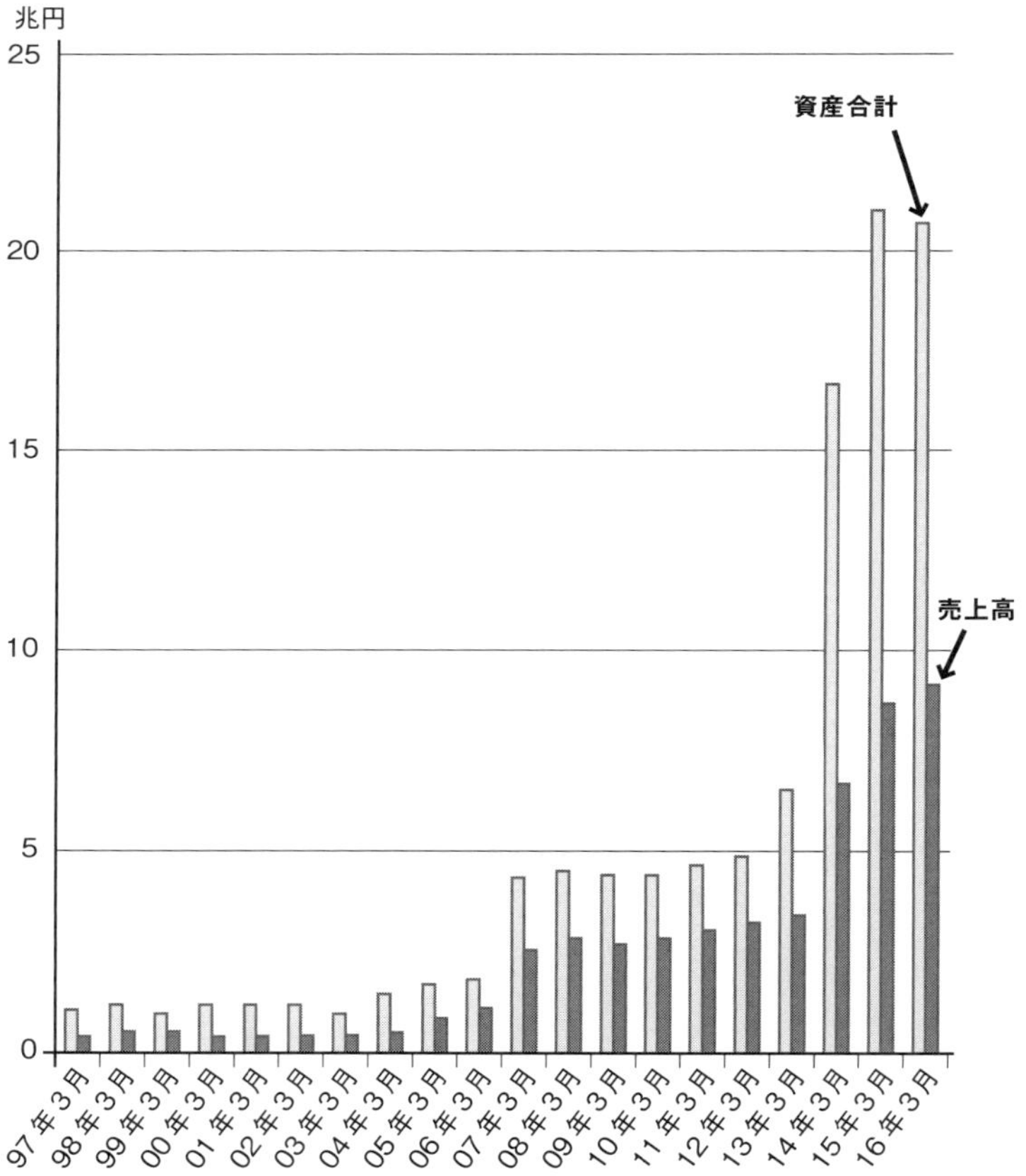

〈図表１－４〉はソフトバンクの二〇一六年三月期の財務諸表である。ＰＬを見るとソフトバンクの営業利益率は一〇・九％と悪くないが、営業利益を総資産で割ったＲＯＡでは四・八％と効率の良い会社と言えるレベルではない。何といっても、それはバランスシートが非常に大きいためである。[3]

バランスシートで特徴的なのは、無形固定資産が八兆円あり、有利子負債を一一・九兆円も抱えていることである。

無形固定資産は「のれん」および「のれん由来のもの」が含まれている。「のれん」は買収プレミアムのことで、Ｍ＆Ａの時に買収先の実体資産価値を超える金額で買った場合、その超える金額を表している。孫のＭ＆Ａは「時間を買う」意図が強いので、高値買収が多いといわれるが、これが金額をさらに増やすことになる。

「のれん（暖簾）」とは羊羹の虎屋の店先にかかっている、屋号などを記した布のことである。虎屋の暖簾には、室町時代に創業した虎屋のお客の信用やブランド、技術やノウハウが象徴されている。したがって買収プレミアムを、無形のブランドやノウハウを買ったと見なして「のれん」と呼ぶ。これはわが国の会社法上、立派な法律用語である。

とはいっても多くの統計調査によれば、Ｍ＆Ａの成功確率は低い。せいぜい二〇％止まりといわれる（コラム「Ｍ＆Ａの成功確率」１６７ページ参照）。

無形固定資産の八兆円という数字は、もちろん日本企業としてはズバ抜けて巨額であり、

3「ROA」は利益を総資産で割ったもの。総資産は投下された投資総額を表し、投資に対するリターンが利益なので、ROA はその企業全体の投資リターンを表す指標である。バランスシートが大きいということは、投資総額が大きいということであり、投資効率が悪い事業、ないしは過剰投資を示していることになる。

図表 1-4

ソフトバンクの比例縮尺財務諸表

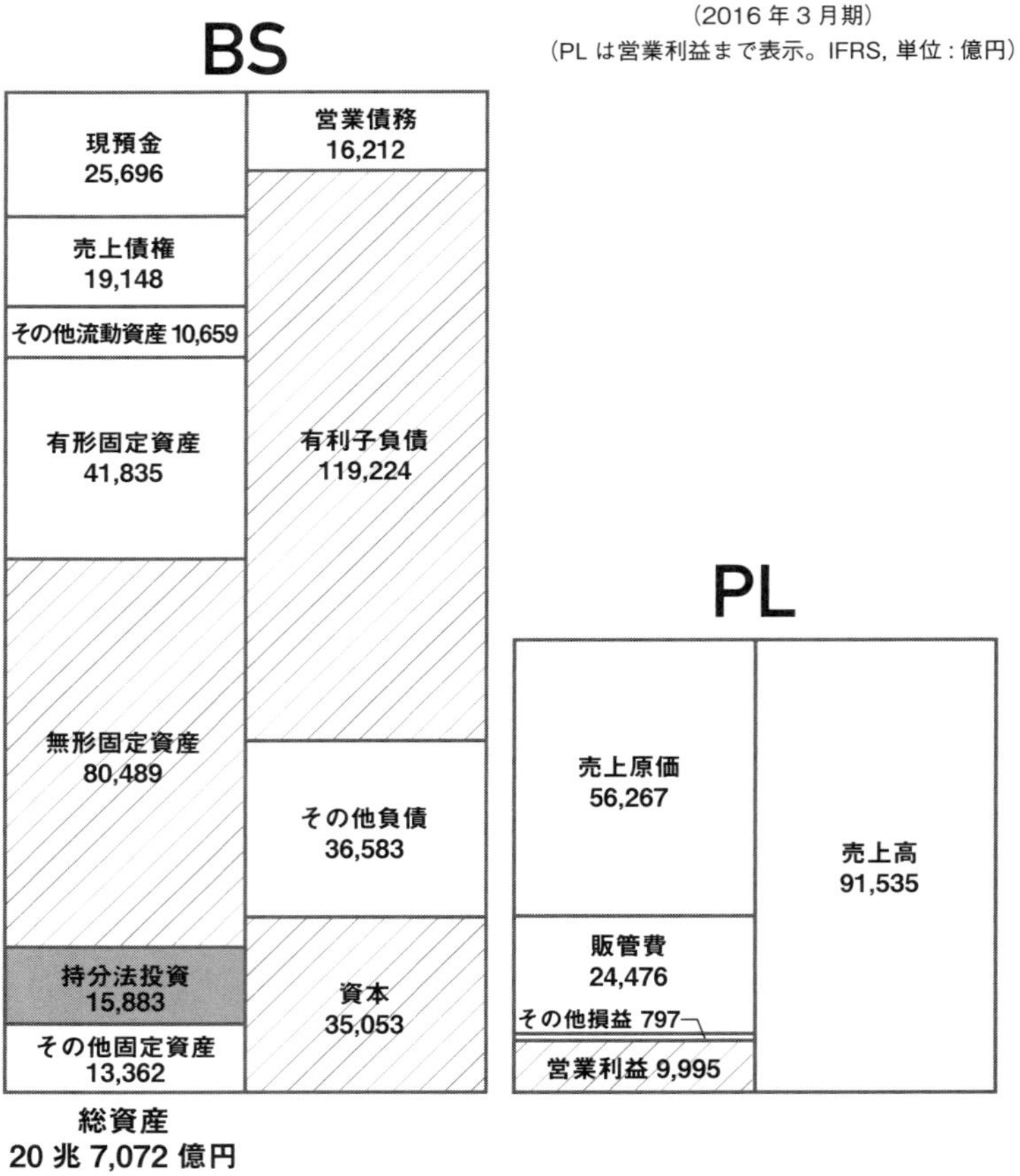

大迫力の数字というほかはない。孫の果敢なリスクテイクが、バランスシートに滲み出ている。

そして無形固定資産の下に、「持分法投資一・六兆円」がある。[4] ここに大化けしたアリババの株など、ベンチャー投資株式が含まれている。株価は変動が激しく、売却すれば税金も取られるので株価がそのまま手取りキャッシュになるわけではない。それもあって、会計のルールでは投資株式が時価そのままで表示されることはない。

しかし仮にここに株式の時価を表現したとすれば、どうなるだろうか。アリババ株は執筆時点で下がっているものの、上場時の保有株の時価八兆円を仮に含み益として資本に加えた場合、ソフトバンクの資本は有利子負債とほぼイーブンとなる。

孫のモデルは無形固定資産投資で「情報革命のインフラ」を手中にし、持分法投資で「一兆（丁）、二兆（丁）」と豆腐を数えるように莫大なキャピタルゲインを得るモデルである。これが二〇〇兆円財閥へ向けた設計図なのだ。

後継候補者に一六五億円の報酬

孫のアメリカでのチャレンジは一時滞っているようだが、しかし孫が休んでいるわけではない。電力に進出し、ロボット「ペッパー」も発表した。長期的にはロボットが重要な情報端末の一つとなり、やはり情報革命のインフラとなりうる。

4「持分法投資」とは、出資比率 20 ～ 50％の投資先企業（「関連会社」と呼ばれる）への投資総額である。出資比率が 50％超の場合は「子会社」となり、子会社の資産や売上、利益は親会社の連結財務諸表に含まれている（つまり合算されて表示されている）。関連会社は投資額のみがＢＳの「持分法投資」として表示される。関連会社の税引後純損益に出資比率を掛け合わせた数字（つまり持分法投資のリターン）が、「持分法投資損益」としてＰＬの営業外損益に表示される。

近い将来、ビッグデータがすべてのビジネスの基盤を作るという考え方がある。その点、ロボットは人間と暮らし、人間が五感で感じとる情報をセンサーと通信で吸い上げることができる。それはスマホなどでは到底かなわない質量の情報となりうる。グーグルが自動運転車で、街中のデータを吸い上げビジネスに活用しようとしているのと似ている。

孫は二〇一四年七月、自分の後継者候補として、米グーグル上級副社長兼CBO（最高事業責任者）だったニケシュ・アローラを迎えると発表した。

アローラと孫の出会いは、二〇〇八年のことである。距離が近づいたのはスプリント買収後に、ソフトバンクがシリコンバレー・オフィスを構えてからである。何度も話し合ううちに、ソフトバンクの未来戦略の話になり、短いディナーのはずがワインボトルを何本も空ける親しい関係になっていったという。

やがて孫はアローラに「ソフトバンクに来ないか」と打診する。アローラは「グーグルを愛しているので、ありえません」と返答し、断り続けた。

二〇一四年六月、ロサンゼルスの日本食レストランで、孫は紙ナプキンに「日付と数字、サイン」を走り書きし、目の前のアローラに差し出す。アローラがこの紙ナプキンを受け取った瞬間、彼のソフトバンク移籍が決まった。一年後に、その紙ナプキンの数字の意味が明らかになる。それはアローラに支払う報酬額だった。二〇一五年六月に発表されたソフトバンクの有価証券報告書によれば、一六五億五六〇〇万円（移籍契約金や株式報酬含む）という途方もない金額だった。

もっともアローラはグーグルで二〇一二年に、五一〇〇万ドル（約六〇億円）の報酬額を提示されて話題になった人物だけに、孫が示した金額に惹かれて移籍したわけではなかろう。そのレベルの報酬を取る人物にとって、一〇〇億円など誤差の範囲であり、お金ではない。孫のラブコールが心底本気であることを感じ取ったからに違いない。

孫の本気に応えるかのように、ソフトバンク副社長となったアローラは個人で約六〇〇億円分のソフトバンク株を市場から取得すると発表した。発行済み株式数の約〇・七％にあたり、個人株主としては筆頭株主の孫に次ぐことになる。

「いい仕事をすることとは、世界を変えていきたいと思うことです。マサにはビジョンと、素晴らしい人柄があります。だから彼とも〝結婚〟すると決めたのです」

メディアのインタビューに、アローラは自分の役割についてこう答えている。

「私はソフトバンクの社内で二つの帽子（役割）をかぶっています。一つはマサの全事業をサポートすること。…二つ目がマサと『第二のジャック・マー』を探すことです」

アローラは移籍してすぐにアジアへの投資案件を何件も矢継ぎ早に決めた。最も注目されるのはインドで、ｅコマースのスナップディールに六七七億円、タクシー配車サービス「オラ」を運営するＡＮＩテクノロジーズに二一七億円出資するなど、果敢に仕掛けている。

アローラはインドで育ち、米国留学した経歴を持ち、シリコンバレーだけでなくアジアのIT業界に精通している。彼の人脈は、「世界中のIT経営者と直接か、知人を一人介せばつながる」と言われる。孫はまたもや途轍もない中枢人脈も上積みしたことになる。

アローラが描くソフトバンクの未来は、「さまざまなスタートアップ企業を束ねるポートフォリオ会社」である。「投資先のグループ会社が新しいカルチャーを築く」ことが目的という孫のビジョンとピタリと重なる。

インドや他のアジア諸国の有望な起業家たちは、孫の「鯉」となっていずれ優しく抱かれるのだろうか。孫のビジョン「二〇〇兆円財閥」はまた一段と近づいたように見える。

幼少体験と猛勉強で身につけた経営の素養

孫が構想する壮大な理念や方法論は一見すると乱暴に見えるが、実はリアルで緻密でクリエイティブである。そして何より創業時からブレることなく一貫している。

ビジネススクールで教育に携わっている筆者としては、孫に限らないが、どうしてこういう人材が育ったのか強く惹かれる。経営の素養を一体どこでどう身につけたのだろうか？　それを知ることで、教育実践に役立てられないだろうか。

孫は佐賀県JR鳥栖駅脇の「無番地」で生まれ、トタン屋根の家で育った。幼少の頃、在日韓国人というだけで、いわれのない差別を受ける。孫の溢れるほどのエネルギーと多様な人を受け入れる優しさは、この体験がバネになっているのだろう。一方で父親・三憲の教育のおかげで、強い自尊心を育んでいく。孫が自ら言う「おやじの帝王学」とは、子供を褒めたてることだった。

「三つ子の魂じゃないけど、三歳くらいの時から、お前はいずれ世界一の男になると、お前は天才だと、ずっと言い続けてきた。いずれお前は世界を動かす男になると」

子供は親のウソを鋭く見抜くものだが、三憲は心底そう思っているように振る舞った。孫は無邪気にも心から「自分は天才だ」と信じ込む。孫の根拠のない（？）自信は、少年時代の行動スタイルを決めることになった。少年時代から「いずれ世界一になる」ことが決まっていたので、その準備を着々と進めてきたのだ。

例えば小学生や中学生の時には、クラス委員長や生徒会長に立候補して熱弁をふるい、当選している。人前でスピーチするのは、「どうせ大人になったら、何十万人もの前でやらなきゃいけない」からである。「皆の心をつかむことが大事」で、そのためには「クラスや学校を良くしたい」という使命感で引っ張っていくのがカギだと考えていたという。

中学二年の時、転校してまもなく生徒会長の選挙があり、その時も孫はすぐに手を上げた。演説会では、用意した原稿は見ずにスピーチした。他の候補者が原稿を読みながら話をしていた時はザワザワしていた会場は、孫が話し始めるとシーンとなる。そして話が終わると、割れんばかりの拍手が起こった。

「お金ではない。言葉で部隊を統《す》べるのがリーダーだ」

これが孫の信念となった。

孫の将来への準備は、周到というべきかもしれない。孫が若い時にはまったのが、ソニーが開発した「マネジメントゲーム」という経営シミュレーションゲームである。これは経営の総合性を学ぶうえで有効で、ビジネススクールでも使われることがある。このゲームでは会計の素養も必要になるが、孫は簿記や会計も必死で勉強した。財務管理に関する孫の知見の深さは、過去のソフトバンクの沿革を見てもわかる。

このほかにも孫の伝記には、子供の頃から実家のビジネスを手伝い、また経営書の類をむさぼるように読んだと書かれてある。さらに経営者の主催する勉強会に積極的に参加し、「これは」と思う経営者の胸に実際に飛び込んで行った。

孫のケースをビジネススクールの学生と討議すると、上がってくるのが「スゴすぎ。自分とあまりに違いすぎて参考にならない」という声である。

しかし筆者は学生たちにこう語りかける。

「天才は努力のプロセスを見せない努力家」という言葉がある。孫の「途方もないスケールの大欲」と「蛮勇とも呼ぶべき勇気」は、とうていマネできないかもしれない。しかし彼の歴史に隠された努力の積み重ね、そのうえで構築した緻密な戦略や方法論は、ベンチマークすべきだ、と。

孫 正義

「勇敢な経営者」を育成するのは難しい。三憲ではないが勇気を育むのは、長所を見つけて褒め、背中を押すしかない。しかし孫の「緻密な戦略的経営」に学ぶことは多い。

第2章

「右手に基本、左手にクレド」のシンプル経営実行者

松本晃

Akira Matsumoto

1947年生まれ。
1972年：伊藤忠商事入社
1986年：センチュリーメディカル（100%伊藤忠商事出資会社）出向。取締役営業本部長
1993年：ジョンソン・エンド・ジョンソン メディカル（現ジョンソン・エンド・ジョンソン）代表取締役プレジデント
1999年：ジョンソン・エンド・ジョンソン　代表取締役社長
2008年：ジョンソン・エンド・ジョンソン　最高顧問
2009年：カルビー　代表取締役会長兼 CEO

経営をシンプルにする

松本晃という人の言動を見ていると、イメージギャップというのだろうか。何か不思議な印象を受ける。マスコミ受けする経営者に見られるような派手なパーフォマンスはまったく見られない。いつも飄々として自然体でいる。しかし行動と実績を見ると、静かだが強い闘志、実行力が伝わってくる。言葉には本質をストレートに突く鋭さがあり、内容はドラスティックでありながら極めてわかりやすく説得力に満ちている。

松本の口癖は「経営をシンプルにして実行しただけ」である。

「経営を難しくしてはいけません。会社は人間がやるもの。簡単なことですら実行するのは難しいのに、まして難しいことは不可能」と涼しい顔で言う。

もともとカルビーは良い会社だったが強くなかった。わかりやすくして強くしただけだと。さらに「日本の会社はムダが多い。捨てるものだらけ」と言う。

松本の経営には結果が付いている。二〇〇九年度にカルビーの主力製品であるポテトチップスの国内市場シェアは六割だったが、二〇一四年度には七二％を超えた。

また長く米ケロッグの牙城だった国内シリアル市場で、フルーツグラノーラの「フルグラ」をリニューアルして注力した結果、カルビーのシェアは二〇一三年度に三割を超え、トップに立った。スナック菓子を主力にするカルビーが、朝食向けという市場を新しく開拓した意義は大きい、と市場は驚きをもって評価した。

今日、これまで世界をリードしてきた中国経済が減速し、欧米の政治や経済の動向は不透明さを増している。それゆえ海外の投資ファンドは、一つの投資先として日本株に関心を寄せている。その中で松本と会合を持ったスウェーデンの年金ファンドが日本株投資の増額を決定した。そのファンドのＣＥＯは、松本について次のようなコメントを残した。

「日本にも話が通じる経営者はいる」

松本のビジネス・キャリアのスタートは伊藤忠商事である。産業機械や農業機械に携わった後、医療機器関連の子会社へ移る。ここで松本のビジネス観が変化する。ヘルスケア・ビジネスは患者の役に立つことが使命であり、売った商品について後々まで医師やメディカル・スタッフをサポートする必要がある。松本はここで、ビジネスは売って終わるのではなく、「世のためが第一」と考え方が変わった。

四五歳を一つの転機として転職を決意。数々のオファーの中から転職先に選んだのが、ジョンソン・エンド・ジョンソン（Ｊ＆Ｊ）である。一五年にわたるＪ＆Ｊの社歴の中で、一九九九年から二〇〇七年末まで日本法人の社長を務める。その社長在任九年の間で、日本法人の売上高を三・六倍にした。

そんな折に、異業種勉強会で出会ったのがカルビーの三代目社長松尾雅彦である。求められて二〇〇八年六月から社外取締役になった。

役員会で「良い会社だが最近は成長していない。ちょっと工夫すればいい会社になる」とアドバイスしたところ、「それなら社長にならないか」と誘われる。社長ではなく会長なら、ということで、会長兼CEOを引き受けることになった。COOには生え抜きの伊藤秀二を据えた。引き受けるに当たって、松本の付けた条件は「ガバナンスを変えること」だった。創業家による経営を引き継がず、取締役は社外中心の統治形態とした。社内からの取締役は松本と伊藤の二人のみで、社外取締役としてキッコーマンの茂木友三郎やユニ・チャームの高原豪久ら五人を迎えた。

CEOに創業家が君臨するままでは、二頭政治になって社員は両方の顔色をうかがうことになる。それではチェンジ・リーダーがリーダーシップをふるうことはできない。

その点、経験と知見豊かな社外取締役がいれば、自分の経営について公正な判断をしてもらえ、妙な横槍を気にせず革新を進めることができる。

様変わりしたカルビーの経営業績

松本がCEOに就任した二〇〇九年六月以降、カルビーの業績は様変わりした。〈図表2-1〉は松本がCEOに就任する直前の二〇〇九年三月期から二〇一六年に至るまでの経営業績の推移である。

図表 2-1

カルビーの業績推移

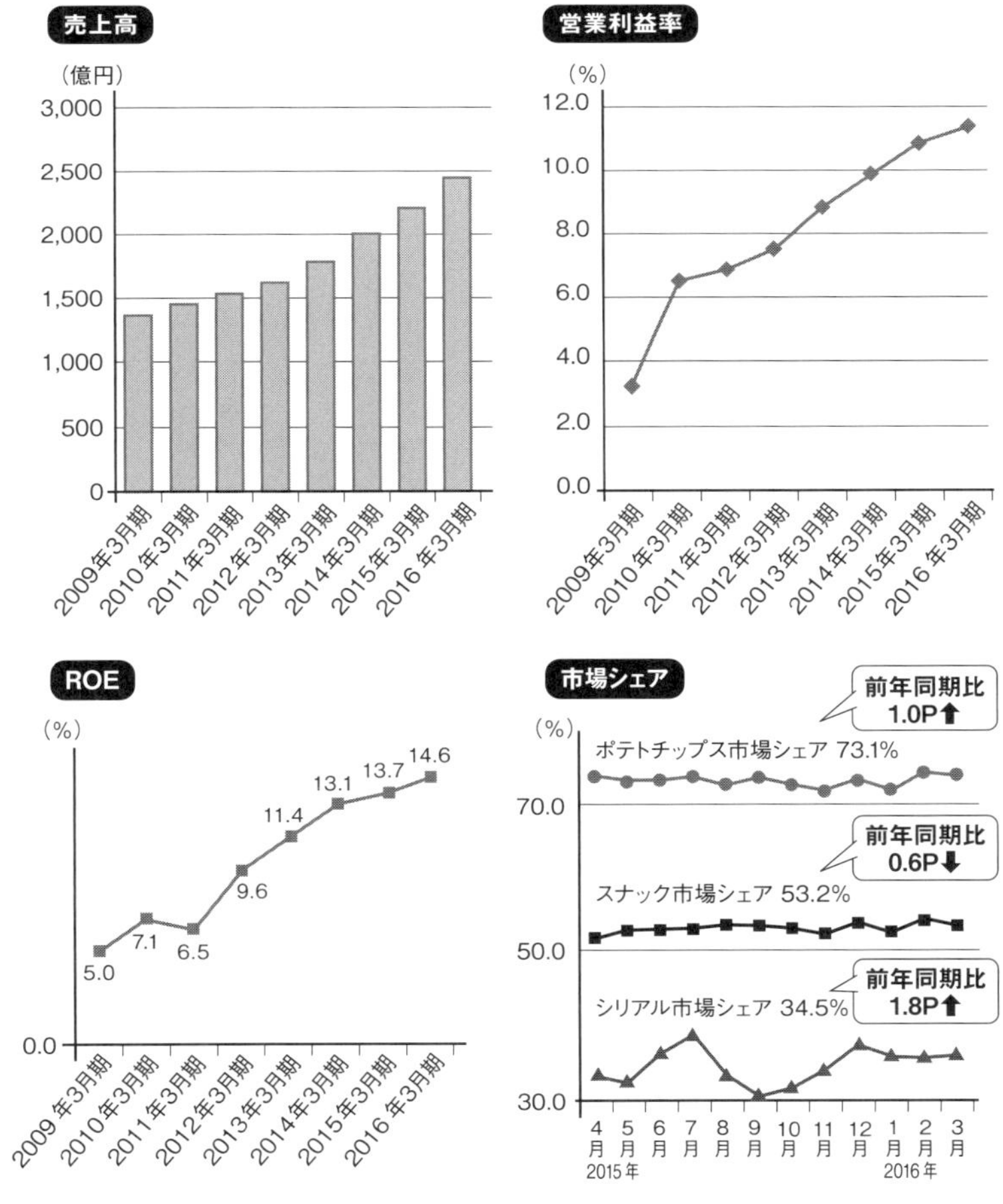

図表 2-2

カルビーの比例縮尺財務諸表

（PL は営業利益まで表示。単位：億円）

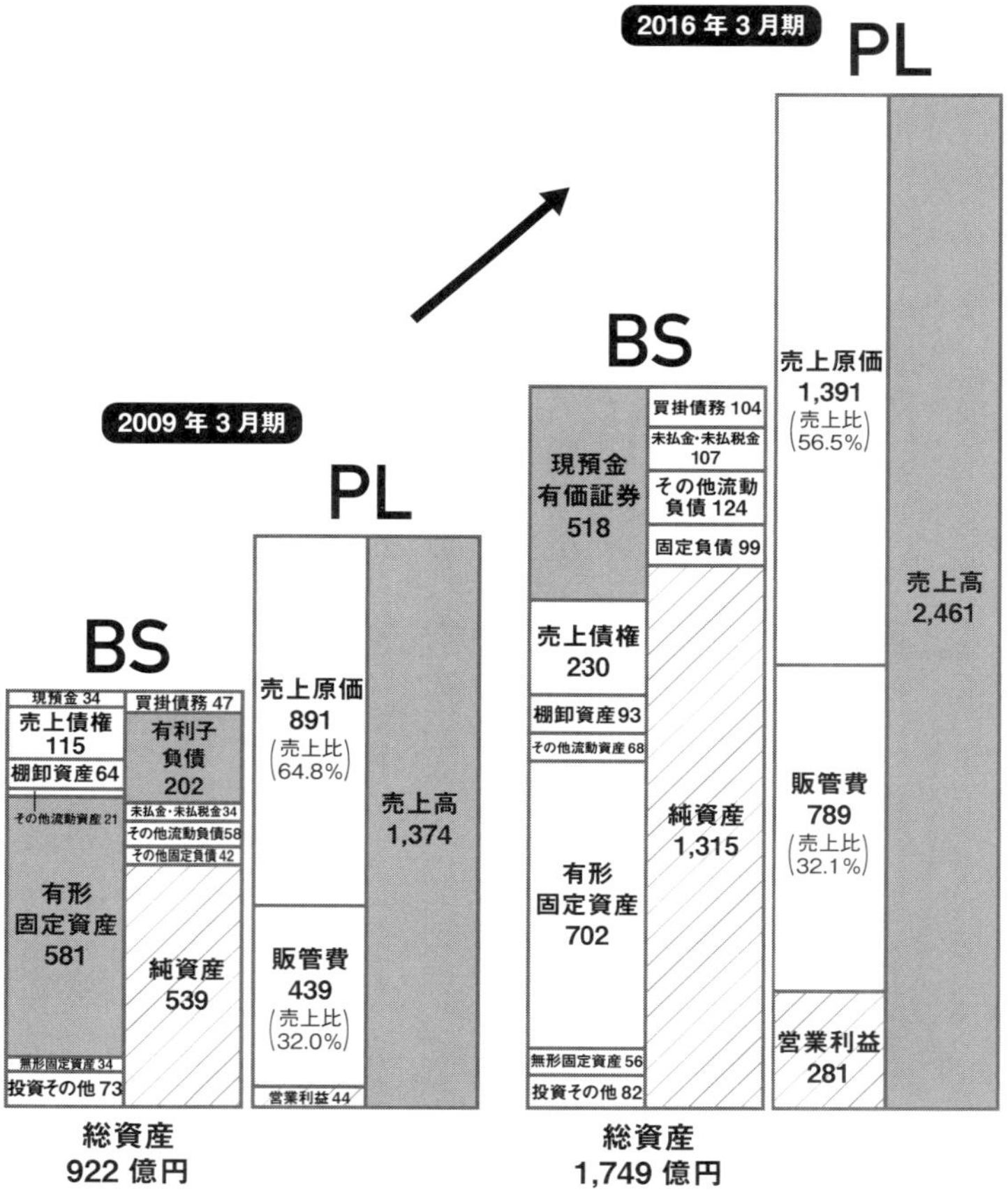

松本 晃

売上高が鋭いカーブで上昇している。七年間の平均成長率は九・〇%、直近三年間では平均一一・二%に及ぶ。人口減の日本市場で、しかも保守的といわれる食品分野で、二ケタ成長を成し遂げるのは驚異的といっていいであろう。

さらに利益率が総じて低い国内食品メーカーの中にあって、営業利益率もROEも上昇カーブを描き、二〇一六年三月期は営業利益率も一一・四%と二ケタを超えている。

経営の中身の変化は、財務諸表を見ればさらに明らかになる。〈図表2-2〉は松本がCEOに就任する直前の二〇〇九年三月期の財務諸表（BSおよびPL）と、二〇一六年三月期を同じ縮尺で並べたものである。

松本のCEO就任前と今日とでは、財務的な姿に次のような相違が見られる。

- 事業で使う総資産は一・九倍に膨らんだが、売上高は一・八倍、営業利益は六・四倍と増えている。資産効率、売上効率ともにアップし、結果として純資産（自己資本）は二・四倍になった。
- 利益率が上がったのは、売上原価率が八・三ポイント下がったことが大きい。販管費率は〇・一ポイント増えたが、結果として営業利益率は六年間で三・二%→一一・四%と八・二ポイント上がった。コストダウンする一方で、販管費を金額ベースで一・八倍に増やして売上を上げ、拡販と効率アップをともに実現している。
- 使用資産の中で、最大の資産である有形固定資産があまり増えていない。設備は以前とあまり変わらない水準でありながら、パーフォマンスを大きく上げていることがわかる。逆の見方をすれば、有形固定資産が総資産の六三％を占める二〇〇九年の姿が設備過剰だったといえる。

・一日当たり売上原価（＝売上原価÷三六五日）で在庫を割り算すると、二〇〇九年は二六日分の在庫を持っているが（棚卸資産回転期間）、二〇一六年は二四日と在庫回転も速くなった。鮮度が求められる食品会社は、在庫の回転が速いことが命なのだ。

・手元流動性（＝現預金＋有価証券）が三四億円から五一八億円と大きく膨らんだ一方で、二〇〇九年にあった有利子負債二〇二億円（借入金や社債、リース債務などの合計）が実質上なくなり、無借金会社になった。二〇一六年三月末の現預金有価証券ですべての負債を払い切っても、まだ現預金有価証券が残る計算になる。これほどの資金を貯め込んで、M&Aの準備をしているのだろうか。

・結果として財務体質は、優良企業に変身した。

つまり売上を上げてコストを下げ、設備は増やさず在庫は減らし、借金をなくして優良企業になった。何とシンプルで、財務分析の良い見本のような変化ではないか！

カルビーは二〇一一年三月一一日に東京証券取引所第一部に株式上場した。東日本大震災のまさにその日にである。カルビーグループは宇都宮清原工業団地に開発・製造拠点を集積していたので、震災によって大きな被害を受けた。研究開発本部のほか、ポテトチップスなどを製造する工場も損傷し、生産は一時停止した。

こんな困難を経験しながら、しかしこれだけアップした財務的成果は、一つ一つ松本が行った真っ当な経営政策を映しているのである。

コスト・リダクションとイノベーション

松本は二〇〇九年六月にCEOに就任するとすぐ、経営の基本方針を発表する。それは次のような内容であり、今日まで引き継がれている。

（一）コスト・リダクション
（二）イノベーション（六つの成長戦略）
①海外事業の拡大
②新製品開発
③国内マーケットシェア拡大
④ペプシコとの連携強化
⑤L&A（ライセンス契約と事業買収）
⑥新規事業開発

要するに、「コストを削減し〈前ページの（一）〉」、「売上を伸ばす〈同（二）〉」ことが戦略の要である。極めて単純明快である。

（二）の中身の「六つの成長戦略」とは、新製品開発（②）によって国内マーケットシェアを拡大する（③）。海外事業を伸ばすために（①）、ペプシコとの連携強化（④）やその他の買収提携（⑤）を模索し、ゆくゆくは新規事業の開発にも取り組む（⑥）という、方向性としてはごく当たり前のことが並んでいるにすぎない。

「食品業界というのは本来儲かるものです。実際グローバルな食品メーカーは営業利益率が一五％程度に達しています。しかも価格も安い。日本の食品会社だけが儲かっていない。競争意識も低い」

松本が言うように、確かに海外の食品メーカーの利益率は高い。ペプシコの営業利益率は一四・四％、コカ・コーラ一二・三％、ビール世界首位アンハイザー・ブッシュ・インベブは三三・二％である（いずれも二〇一四年度決算より）。

なぜ海外の食品業界は「儲かる」のだろうか。理由の一つは、シェアで圧倒しているからである。M＆Aも含めて下位メーカーをなぎ倒し、競争上圧倒的優位に立っている。

そして二つ目に、圧倒的なシェアを背景に最大の量産量販効果をあげている。つまり利益率が最も高い。食品は日常的に口にするものなので、価格が高いと市場に浸透しない。しかも加工食品はビールやコーラが典型だが、大規模な設備集約型の生産によるものが多いので、投資額が大きくなる半面、規模の経済性が働く。したがってトップ企業は量産効果が最も大きく、二位以下を利益率でも引き離すことができる。

また販売面でも、食品はスーパーやディスカウントストアで売られるものであり、カバレッジの広いトップ企業の量販効果が大きい。この製販の量的効果を背景に、二位以下の企業をさらに凌駕することができる。

つまり食品メーカーではシェアとコストダウンが、「Key Success Factors」なのだ。

その観点から見れば松本の目には、日本の企業はコスト意識が低く効率が悪いと映る。品質にこだわるからには、コストがかかって当然と考えている日本企業が少なくない。「良いものは高い」と。

コストや効率性は経営の基本中の基本項目である。松本の指摘は、多くの日本企業にとって耳の痛い話ではなかろうか。

「品質本位」「技術重視」を掲げる日本企業は多く、製品品質は世界でも折り紙付きだ。しかしニーズを置き去りにした行き過ぎの品質重視は、コストがかかるため、価格も高くせざるをえない。だから結果として売れない。そして世界、特に新興国で勝てないのだ。

カルビーもかつて、そうした日本企業の一つだった。ポテトチップスの国内シェアを六割も持ちながら、三％の営業利益率しかなかった。売上原価率六五％という数字は、業界二位の湖池屋より一三ポイントも高かったのである。

松本はカルビーの仕事のすべてを棚卸し、シンプルな基本構造に戻すべく改革していく。その中でユニークな政策をいくつか紹介しよう。

やりすぎの経営を基本に戻す

一つ目は、コスト・リダクションである。調べていくと、無駄なコストをかけている実態が次々と明らかになった。例えばポテトチップスは鮮度が重要である。したがってカルビーは地産地消をポリシーにしていた。そのため工場は各地に一七もあり、そのうえそれぞれの設備は過剰で、減価償却費は二番手企業の七倍に達していた。もし集約すれば、二工場もあれば作れるほどの生産量だったという。

そこで松本はリストラはしないものの、本当に必要とされるもの以外の新規設備投資は認めないことにした。ＢＳ上の有形固定資産が増えていないのはこのためである。

さらに集中購買すれば大幅なコストダウンができるのに、各工場で原材料をバラバラに購入していた。これも集中化した。

もともとポテトチップスに最初に「鮮度」を持ち込んだのは、カルビーである。製品が古くなると、油が酸化して味が落ちる。そこでカルビーには販売店の店頭に並ぶ製品の鮮度をチェックする監視部隊を置いていた。地元の主婦を中心に二〇〇〇人で編成し、「ゾーンセールス」として全国八〇〇〇の小売店の店頭在庫に目を光らせていた。

この情報は工場にフィードバックされ、生産計画に反映して作りすぎを防ぐために使われていた。「やり過ぎ。度が過ぎている」。これが松本の判断だった。今では鮮度データは廃止し、店頭の売れ行き調査も半数以下にした。

こんなカルビーのコスト高は販売価格高につながり、トップシェアなのに競合より一〇円も高かった。価格を同じにしたら、当然もっと売れるはずだ。

松本は、コスト・リダクションのために、すべての仕事を棚卸することから始めた。すべての業務を「実行している良いこと」、「できていないこと」、「止めるべきこと」の三つに仕分けしたのである。

例えばカルビーでは「コクピット経営」と称して、営業や生産に関する膨大な管理データを手間暇かけて収集し分析し、製販計画を立てていた。営業部門は製品ごとに地域別・業態別の売上高を月次、週次、日次、累計で出し、しかも在庫やクレームなどのデータも作成していた。工場も拠点ごとに細かい原価データを集め、分析していた。

こうして集めたデータを「何に使っているのか」と社員に聞くと、「あまり細かすぎて、どう使ったらいいかわからない」という答えが返ってくるあり様だった。

細かい実績データは、さらに詳細な販売計画作成に使われていた。しかしその計画は良く外れ、計画通りに実行が伴うこともなかった。何のための計画なのか、よくわからなくなっていた。手段であるはずの管理業務が、目的化し有名無実化していたのである。

緻密な販売計画を作ろうとしていたのは、一つには原料のジャガイモ生産の難しさも関係していた。農産品ビジネスの宿命だが、原料のジャガイモの生産量は天候によって毎年かなり変動する。わが国では生のジャガイモは輸入が禁止されているので、契約農家から過不足なく仕入れるには緻密な販売計画が必要と考えられた。

買い付け量が余った時は惣菜などにして売るが、足りなくなった時には、販売促進費を抑えて商品をなるべく売らないようにしていた。店頭の欠品を防ぐためである。

何のことはない。緻密なデータを集めて作る詳細な販売計画が、「いかに売るか」ではなく、「いかに売らないか」につながっていたのだ。

そこで松本は政策をガラリと変えた。ジャガイモはすべて引き取り、すべて製品にしてすべて売り切る。生産量が増えれば、工場の稼働率が上がって原価が下がる。下がった原価を消費者に還元する。つまり価格を下げて、売上を増やすことにした。売れ残りそうなら、販促費を増やして値下げしてでも売り切った。この政策は、二〇〇九年と現在のＰＬを比較すれば、売上と費用項目にそのまま表れている。つまり販管費率は若干増えているが、原価率はそれ以上に大きく下がっている。

松本は言う。「値上げしてその値段で売れるなら（値上げ）するけど、売れない。結局はプロモーションなどでお金がかかる。庶民の財布の中身が増えていないのに、コストが上がったから値上げしますというのでは勝手すぎる。食品の世界にインフレが来るのは最後。主婦層まではまだ来ていません」

松本は「一においしさ、二に安さ、三に儲かるか」を商品開発の柱に掲げている。例えば野菜素材の製品「ベジップス」は「文句なくおいしい。でも、やっぱり高い」という。「ビジネスで大事なことは二つだけ。『世のため人のため』と『儲ける』こと。営業利益率が一〇%取れないものはやらない」

二ケタの利益率が取れない事業は、欧米ではリスペクトされない。利益率が低いのは、世の中から商品が評価されていない証《あかし》だというのだ。松本が描く当面の理想的な姿は、売上高を一〇〇とすると、原価率五〇%(実績は約五七%)、販管費率三〇%(同三二%)、開発費率五%(同〇・九%)、営業利益率一五%(同一一%)である(いずれも実績は二〇一六年三月期)。

研究開発費五%はとりわけ高いゴールだが、食品メーカーが憧れる一つの姿でもある。

フリーアドレスで見える化した経営の無駄

無駄な業務が多いことは、そのまま人が多いという問題につながる。しかし松本は人を切らない主義である。そこで会社を大きくするしか手はない、と社員に伝えた。

「人も多い。例えば営業担当者全員にデスクを用意しているのは日本くらい。フリトレー(提携先米ペプシコのスナック子会社)の営業は午前六時に自家用車で出社して、商品搭載済みトラックに乗って、配達しながら注文を取ってくる。日本では午前中はまだ一軒も行っていない」

確かに日本企業のオフィスを訪問すると、営業のゴールデンアワーに人がゴロゴロいるのを見かけることが多い。ちなみにフリトレーの営業利益率は二七%である。

そこで松本はまず本社オフィスを構造的に変えた。オフィスをフリーアドレスにしたのだ。カルビーのフリーアドレスはかなりユニークである。

丸の内本社はワンフロアで、ミーティング・スペースにパーティションもなく、役員席も含めてすべてが見通せるようになっている。

社員は朝の出社時にまず入り口近くの端末で「オフィスダーツ」という社内システムにアクセスする。一種のくじ引きで、利用したい席の種類や、おおよそのエリアを選ぶと、システムが自動的に座席を割り当てる仕組みである。

席は、前に低い仕切りの付いた三~四人掛けの「ソロ席」、同じテーブルの社員との交流に便利な四人掛けの「コミュニケーション席」、窓際で他のスペースから離れ、自分の仕事に専念したい社員向けの「集中席」の三種類がある。

同じ席は最大五時間(集中席は最大二時間)しか利用できないので、終日社内で仕事をする社員は、少なくとも一日一度は席替えをする。しかもくじ引きなので、他の部署の社員と席を並べる頻度も高い。実はそこに狙いがある。

カルビーはもともと東京・赤羽の自社ビルを本社としていた。そこでは九階建ての階ごとに部署が分かれ、席も固定化していた。他の部署とやり取りするには階段を上り下りしなければならず、社内のコミュニケーションがスムーズではなかった。そこで松本は変化の象徴として丸の内への本社移転と、オフィスのレイアウト変更を決めた。

くじ引きについては「まるで遊び。そんなふざけた話が受け入れられるか」と反発する社員も多かったという。しかし「物理的に社員を交ぜないと、社内コミュニケーションは活発化しない」と人事部が説得した。「フリーアドレスでない会社はたくさんある。嫌なら会社を辞めてはどうか」という松本の厳しい言葉もあり、ようやく理解を得た。

松本を含む上級執行役員以上の七人の経営幹部も、役員席のスペース内をフリーアドレスにしている。この仕組みは、現在では支店や工場でも同様に行われている。

このシステムの面白いところは、人事が言うように一つは部門間の横連携が進みやすくなることである。フリーアドレスオフィスの説明には、「ミーティングもオープン」「思い立ったら集まろう」「大いに立ち話すべし」と書かれてあった。

もう一つの効果は「ピア・レビュー」（仲間同士の評価）が透明になることである。仕切りを設けて、オフィスにシマを作ると、お互い何をしているかわからない。しかし社員相互の接触の機会が増えると、各人の仕事の中身まで透明になってくる。

「彼は皆忙しい時間に、一体何をしているんだ？」という目が行き交い、お互い意識するようになる。したがって無駄の排除につながるのだ。

カルビーはお互いを「見える化」することで、役員・社員ともに緊張感ある密なコミュニケーションを生もうとしている。松本は「本社は現場に対する公僕になれ！」と言いつつ、本社の人数は増やさない。利益率はますますアップに向かうはずだ。

社内競争を促し全員経営へ

もともとカルビーはオーナー経営の同族会社だった。松本は創業家依存の経営体質から、全員経営へと舵を切った。「社員が自律的に動かないと、世界企業には脱皮できない」

そのために組織の壁を取り払うと共に、組織を超えた自由な競争を奨励する。カルビーは二〇一〇年、全国の工場を基点にした地域事業本部制を導入した。

「北海道」「東日本」「中日本」「西日本」の四つの本部に、商品開発から製造、営業までの機能を持たせ、各地域が自由に競い合うことで、新製品開発を活発化しようとしている。それは先に掲げた成長戦略の「(二) イノベーション——②新製品開発」である。

例えばカルビーは二〇一四年春に、阪急うめだ本店食品売り場に「グランカルビー」を開店した。そこで販売しているポテトチップスは、厚さ五～六ミリと通常の三倍ある。ジャガイモ一個から三～四枚しか作れないが、重厚な食感とチョコレートでコーティングされたいちご味（現在は販売されていない）など何種類かの味が楽しめる。一箱五四〇円という価格は普通のポテトチップスの四倍近いが、連日行列ができ、売り切れとなる人気である。

「グランカルビー」は阪急百貨店サイドの高いリクエストから、プロジェクトが始まった。カルビーは試作を何度か重ねたが、阪急サイドからは「チョコレートがないと驚きが足りない。これでは一緒にやる意味がありません」と一蹴される。

チョコをポテトにコーティングするには、溶けにくいチョコやコーティングのための製造機械が必要で、技術的に難しい。そこで、社内で開発に手を挙げる工場はないか募ることにした。そこに九州などを地盤とする西日本事業本部の鹿児島工場が手を挙げた。

阪急うめだ本店のある大阪市は本来、中日本事業本部の営業エリアである。一部からは「越境行為だ」という声もあがったが、松本はこう言った。

「カルビーにルールはない。悔しかったら自分たちが開発すればいいだけだ」

「マニュアル化された仕事が面白いはずがない。カルビーは仕組みを作るが、基本的にやりたいことが自由にできるようになっている。『やってみなはれ』だ」

売れる商品を開発できるかは、工場の存続を左右する。もともと設備が過剰だったカルビーである。もちろん、むやみに地域主導で商品を増やせば、効率が落ちることもある。しかし松本は「菓子は生活に彩りを与えるもので、おもしろさが大切」と言う。

鹿児島工場は一九七五年に操業開始した、現存する最も古い工場である。設備も老朽化しており、常に統廃合の議論の対象となってきた。それだけに工場長以下の従業員には「九州の原料を使った独自商品を次々と打ち出すことで、生き残る」という思いが強い。

この危機感が、グランカルビーを成功に導いた。製造現場である工場には、商品開発要員が豊富にいるわけではない。鹿児島工場では製造部門を中心とした数人程度で開発をまかなっている。もちろん女性が加わっている。菓子は、女性目線の商品開発が大事だからである。

昨年には同社で初めて女性の工場長が生まれ、本社の開発本部と各地域事業本部との人事交流も始まった。女性の活用についても、松本はポリシーを持っている。

「『執行役員』は一三人いて、うち六人が女性だが、管理職と同様、あらゆるところで女性比率をまず三割にしたい」

松本はメディアのインタビューで、「女性取締役比率を一定比率義務づけるクオータ制について、どう思うか」と質問されて、こう答えている。

「大賛成！　ルールを決めないと既得権者が既得権を手放さない。ダイバーシティに限らず、目標数値のない経営はあり得ない。『人材のプール（蓄積）がない』という反論もあるが、見つけて活かす能力がない企業の言い訳にすぎない。いずれ、多様化を進めた企業は業績もいいというデータが出てくるだろう」

ダイバーシティはグローバルを目指す企業の基本である。シンプルな基本を実行する松本に、いささかのブレも見られない。

シェア拡大への強い競争意識

松本の基本方針「(二) イノベーション (六つの成長戦略)」の三つ目は「国内マーケットシェア拡大」である。

松本の競争戦略に対するスタンスも、実に単純明快である。つまり「徹底して競争する」のだ。松本に言わせると「日本企業の競争は甘い」となる。

「護送船団でいつもすみ分け。日本企業の特色ですが、僕は弱点だと思う。業界内で戦わないのです」

食品業界は伝統があるだけに、業界の暗黙の了解のようなものが定着している。松本は「シリアルはケロッグのもの」という業界の常識をフルグラで抜き、シリアル市場でシェアNo. 1になった。また成形ポテトチップスはずっとヤマザキナビスコの牙城で、カルビーは今まで手掛けてこなかった。しかし松本はここにもあえて参入した。「成形型はヤマザキナビスコのチップスターの分野だから侵さない。ポテトチップスのりしおは湖池屋の商品だから攻めない。僕にはそんなセンスはまったくない。攻めてみんな取れと。切磋琢磨しないと会社は強くならない。国内だけならいい。成長したくなかったらそれでもいい。私にはそんなセンスはわからない。よそのものをとってこい。そうすることで活性化し、市場は大きくなるのです」

今日の競争相手は、同業者だけではない。今やセブン-イレブンやイオンなど流通大手が、プライベートブランド（ＰＢ）で製品開発のリーダーシップを握ろうとしている。メーカーと熾烈なバトルをしている。

ＰＢはナショナルブランド（ＮＢ）、つまりメーカー独自の製品と売場でバッティングする。多くの場合ＰＢは価格が安いので、ＮＢが競争に負けて売場から排除されかねない。したがって流通からのＰＢ製造依頼に及び腰になっているメーカーは多い。しかし松本はＰＢについてもシンプルで明快である。

「ＰＢなのか、ＮＢなのかはしょせん生産者の論理。カルビーはフレキシブル。小売りの要請があればつき合う。三割くらいまで伸びるのでは。『ＰＢ＝安値』ではもうない。ＰＢのほうが利益率は高いくらい」

ＰＢの中には、製造元が商品に明示されないケースもある。非公開で製造を担当しているＰＢ商品も含めるとカルビーのシェアは、二〇一五年度で七三・一％になる（〈図表２-１〉右下図参照。公開ＰＢのみでは、三％前後下がる）。

ＰＢも含めてシェアで圧倒し、規模の経済を最大化する。シンプルな基本を推し進める経営は強い！

基本を徹底した海外進出

わが国の食品市場は、少子高齢化の波で成熟傾向が一層明らかである。だから海外市場を攻めないと成長が望めない。海外進出を自前でゼロから立ち上げるのは時間がかかる。かといって現地企業を買収して進出するのは、マネジメントが難しくリスクが高い。

松本の「(二) イノベーション（六つの成長戦略）」には、「①海外事業の拡大」の他に、「④ペプシコとの連携強化」が掲げられている。

カルビーの創業家も、従来から海外進出の必要性を感じていなかったわけではない。一〇年以上前に米ペプシコから提携話を持ちかけられ、積み残しの状態だった。創業家の中に漠然と「乗っ取られたら嫌だ」という空気があり、話はまったく進んでいなかったのだ。当時ペプシコは飲料やスナック事業で四三二億ドル（二〇〇九年。当時の換算レートで約四兆円）を売り上げる世界企業であり、売上高一五〇〇億円弱のカルビーにとっては差がありすぎて、警戒するのは無理からぬことだった。

松本が非常勤取締役を引き受けて間もない二〇〇八年頃、創業家からペプシコの話は手に余るということで、提携の交渉役を依頼される。早速、松本はペプシコのアジア担当の最高財務責任者（ＣＦＯ）と会い、「カルビーと何がやりたいのか」と率直に聞いてみた。すると「日本でコーン菓子メーカーのジャパンフリトレーという子会社があるが、うまくいかない。経営を任せたい」という答えが返ってきた。

そこで松本はジャパンフリトレーをカルビーが買収して一〇〇％子会社とする代わりに、

ペプシコにカルビーへの二〇％出資を求める提案をした。同族企業のカルビーにとって、ペプシコの連結対象となる二〇％の出資受け入れは、いうまでもなくカルビーの企業としてのあり方を根本から変える提案である（現在では、創業家全体の所有割合が減り、ペプシコの投資事業会社が筆頭株主となっている）。

「私は交渉をきれいに整理しただけです」

「世界で圧倒的なプレゼンスを持つペプシコから学べることはたくさんある」

こう記者会見で述べた松本は、ペプシコとの提携で販路開拓だけでなく、各地域の消費者情報も入手し、出遅れていた海外戦略を一気に前進させる狙いを示唆した。

現在、ペプシコとは米国でフリトレー・ブランドのＯＥＭに応じたり、ペプシコの販路に乗せたカルビー製品の販売が始まっている。

「まず『ペプシコと一緒にやれないか』から始まるが、ペプシコは採算面で譲ることはないので、あまり機会はないかも」と松本は言う。欧米の企業は、決めた利益率を一％でも下回る仕事はしない。日本企業は儲からないものにも安易に手を出すが、ここに日本と欧米の考え方の違いがある。しかし松本はこうも言う。

「（先方に）やる気がなければ、こちらが独占販売を打ち切りたいというつもりです。ペプシコ側に対策がなければ、こちらが主導権を握るまでです。海外事業は片手で握手し、もう一方の手で、殴り合う。そういうものであることを忘れてはいけないのです」

「現地パートナーと組むことが今のところ多いです。必要なのはお客さんが買ってくれる価格を実現するコスト管理と、失敗を恐れないスピードと現地化。原材料や機械設備は現地で調達し、管理職、従業員も現地採用して分権化する。そして現地の消費者に嗜好を合わせた商品を作ります」

ペプシコやそれ以外のパートナーと提携して、海外市場を攻める。あるいは自前で主導権を取って攻める。いずれにせよ、現地の消費者をつかみ、コストを管理し、分権化してスピーディーに進める。松本はそう言っているに過ぎない。しかしこんな基本を自信をもって言い切れる経営者は少ない。

松本を支えるＪ＆Ｊのクレド

松本の信念に満ちた言動を支える軸は、一体何だろうか。それはＪ＆Ｊの経営理念「我が信条（Our Credo）」だと、松本は言う。これを片時も離さず、今も持ち歩いている。

松本は述懐する。会社人生の前半は「儲けること」に徹していた、と。その仕事観が変わるきっかけは、Ｊ＆Ｊに入社して医療関連のビジネスに深く関わった時だ。

Ｊ＆Ｊのクレドの最初にはこう書かれている。

「我々の第一の責任は、我々の製品およびサービスを使用してくれる医師、看護師、患者、そして母親、父親をはじめとする、すべての顧客に対するものであると確信する。顧客一人一人のニーズに応えるにあたり、我々の行なうすべての活動は質的に高い水準のものでなければならない。適正な価格を維持するため、我々は常に製品原価を引き下げる努力をしなければならない。…我々の取引先には、適正な利益をあげる機会を提供しなければならない。」

J&Jのクレドにある「第一の責任」とは顧客に対するものである。そして「第二の責任」は社員に対するもの、第三に地域社会からつながる世界に対する責任、さらに第四が株主に対する責任と続く。こういう順序の構成になっている。

第四の株主への責任については、全文を次に掲げよう。

「我々の第四の、そして最後の責任は、会社の株主に対するものである。事業は健全な利益を生まなければならない。我々は新しい考えを試みなければならない。研究開発は継続され、革新的な企画は開発され、失敗は償わなければならない。新しい設備を導入し、新しい施設を整備し、新しい製品を市場に導入しなければならない。逆境の時に備えて蓄積を行わなければならない。これらすべての原則が実行されてはじめて、株主は正当な報酬を享受することができるものと確信する。」

J&J「第一の責任」は、顧客一人一人のニーズに応えることである。そのために質の高い製品サービスを低い原価と適正な価格で販売し、同時に社員や社会に対する責任を果たさなければならない。そして質の高い仕事を革新し継続するためにこそ、健全な利益が必要だという。つまり「儲ける」ことが必要なのだ。

広く社会のために貢献し、そのために儲ける。基本はこの順序であって、逆ではない。決して「儲け」が先ではない。

医療ビジネスに携わる人々は、もともと人のためという意識が強い。医療機器は売って終わりではなく、売った後も使い方の教育指導やサポートが重要である。松本はＪ＆Ｊで手術機器などの販売を手掛けることになると、現場通いを最も重視した。

現場というのは外科の手術室である。医師らの邪魔にならないように問題点を探し、日本の現場に合うように機器の改良を、本社に頻繁にかけ合った。社員教育も厳しくした。米国本社で動物実験など実地研修を受けさせ、試験をパスしないと不採用にした。すべて患者や医師らのためである。

その頃、医療の世界で内視鏡を使った外科手術というイノベーションが起こる。Ｊ＆Ｊは内視鏡手術では後発だったが、まず巨大なトレーニング施設から作る。売ることより、患者のために正しく使ってもらうことから入るというクレドの精神の表れだった。

「本当にＪ＆Ｊというのはたいした会社です。…急がば回れといいますが、回り方の良さが競争力だと痛感しました」

クレドは〝魔法の杖〟

J&Jのこうした経営行動の裏付けは、もちろんクレドの責任を果たすことにある。そしてそのために健全な利益が必要、と説く。松本が説く「ビジネスは二つ。世のため人のため。そして儲けること」とはこの意味なのだ。

「クレドは〝魔法の杖〟です。カルビーでもビジョンとして取り入れました」

カルビーには社員が共有するものとして、クレドをアレンジした「カルビーグループ企業理念」と「ビジョン」がある。さらにクレドに松本がビジネス経験の中で体得したものを加えて作られた、行動規範「松本の一〇の考え方」がある。

これもユニークなので掲げよう。

〈松本の一〇の考え方〉

①Commitment & Accountability（約束と結果責任）
②人の評価はFairに「Simple Digital Contractual」
③会社は「厳しく」「暖かく」
④現状維持是即脱落
⑤正しいことを正しく

⑥ No Meeting, No Memo
⑦ One Dollar-Out
⑧すべてのコストは顧客が負担
⑨報告の三原則「トラブルはすぐ報告せよ」「悪いことから報告せよ」「嘘はつくな！」
⑩業務の三原則「簡素化」「透明化」「分権化」

これらそれぞれの言葉には、松本の深い洞察と意図が込められている。

各項目につく短い説明書きには、「会社は『厳しく』『暖かく』」とは「以前のカルビーは甘く暖かい会社だった。会社は甘くない。厳しく暖かく」とある。松本の経営は暖かいが、厳しいのだ。無駄を許さず、競争で譲らず、仕事に厳しい。これは社会のためなのだ。また「正しいことを正しく」には「迷ったら何が正しいかを議論し、正しいことを正しく行え。規則が優先ではない」が付く。仕事に厳しい会社では、いきおい粉飾や不正が起きかねない。

「No Meeting, No Memo」には、「社内会議に意味はない。そのための資料作りにはもっと意味がない。お客はどこにいる。そこに近づけ」と付けられている。本社の人員を増やさず、フリーアドレスの根拠になっている。

「One Dollar-Out」には「会社のお金を一ドルでも私用に使ったら、クビ」とある。伝統の古い食品業界では、取引で癒着が生まれることが多いといわれている。それを考慮したゆえの行動規範ではなかろうか。

これらは一つ一つ松本の深さを感じさせる言葉の数々だ。

「一〇の考え方」の最初には、耳に蛸が張り付いた男性の絵が付いている。「耳にタコができるまで言い続ける」という松本の決意を表したものである。

二〇一二年に、カルビーはポテトチップスにガラス片が混入するという事件に直面する。この時、カルビーは全社一丸となって大量の商品回収に素早く動く。カルビー版クレドが功を奏した対応だった。

「とりわけ危機対応の時に役立つ。こういう時にこそ立ち返られる価値観が大事」

緊急時に組織全体が俊敏に動くには、社員が共有し拠り所とするクレドが欠かせない。

「White Space」と「夢」をテーマに人材育成

松本はカルビーの未来について、構想をめぐらせる。

企業が中長期の計画を作る時、足元の現状からスタートし、将来考えうる環境変化や市場動向を睨みつつ、積み上げ方式で数字を作っていくことが多い。しかし松本は現状ベースの積み上げ方式は意味がないという。未来の夢から計画を組み立てるべきだと。

二〇一一年に策定したビジョンでは、二〇一八年を想定して、まずカルビーが「どうなっていたいか」を決めた。そのうえで「今何をするべきか。何を改革すべきか」を、計画に落とし込んでいった。現在と未来の夢の姿とのギャップには、「White Space」が広がる。そこに「何をすべきか」を埋め込んでいくのである。

松本が今社内で発しているビジョンは「われわれは日本のネスレになる」である。ネスレはスイスの企業だ。スイスは人口が少なく物価水準も高いので、地元に頼った成長の絵は描けない。しかし今日、ネスレは世界最大の食品メーカーに成長した。人口減が止まらない日本に本拠を置くカルビーも、ネスレのように工夫次第で世界に羽ばたけるはずだ。

松本は人材育成についても、計画の「White Space」と同じ考え方を薦める。松本が創業家出身の松尾雅彦相談役と一緒に続けている活動に、「松塾」がある。二人とも苗字に「松」が付くので、「松塾」である。毎月一回、土曜日に二人で全国のどこかの営業所や工場に出向く。松塾には、契約社員やパートタイマーも参加可能だ。普遍的なテーマで意見をぶつけあう場だが、ここでも「夢」と「White Space」をテーマに取り上げる。

「手の届くことより、大きな夢を描いてみよう」、「そのために今何をしたらいいか考えてみよう」と語り掛け、社員に対して『社長になれ』とも言う。

ビジネスパーソンが求めるものは、「いろいろな意味での豊かさ」、「ワクワクする仕事」、そして「仕事を通じた個人の成長」の三つだと考えている。

「三つが実現できる環境を仕組みによってバランスよく整えること。それさえしてあげれば、人は動くものです」

幹部育成の場や制度も作っている。例えば、各部長に「すぐに自分の後を任せられる人＝Ready Now」、「三年後に任せられる人＝Ready Later」、「将来任せられる人＝Future Candidate」のそれぞれを選定し育成することを課している。

候補人材のリストは、本部長クラスの会議で公開される。カルビーの管理職が「次の幹部を育成する」のはマストなのだ。もちろん自選で部課長に立候補し、役員へのプレゼンテーションで引き上げる制度も作っている。

人の成長なくして会社の成長なし、というメッセージを松本は発信し続ける。

松本の仕事は本人の言葉通り、極めて基本的なことをシンプルに、淡々と進めているようだ。バリューチェーンすべてにわたる無駄の排除とコストダウン。顧客を見つめ直して新商品を開発し、手に取りやすい価格に変える。そのために必要な自由な競争とコミュニケーションの活性化。これらの中核となる理念を組織に示してブレず。さらに経営の根幹の人材育成に力を尽くす。

まさに「はじめに」で紹介したドラッカーが示す経営者の仕事を、淡々と実行している。実は基本の実行こそ、一番難しいのかもしれない。誰もができないゆえに、経営のプロが少ないという現実につながるのだろう。

クレドを拠り所に、迷うことなく飄々と基本を実行する姿こそ、松本の凄さといえる。

Column

BS（貸借対照表）とPL（損益計算書）の関係

会計は経営を読み解く必須スキル

会計は、経営の全体像を「写像化」するツールである。しかも経営を総合的、包括的かつ統一的にとらえるこの世に存在する唯一のツールである。

経営活動全体に貨幣価値という尺度を当てたものが財務諸表、ないし会計情報である。これはいわば立体を平面図化したものなので、欠点も多々ある。貨幣価値に反応しないものは、漏れ落ちる。基本的に社内で発生した事実しかとらえられず環境コストなど外部化されたものはとらえられない。

しかしこの種の全体をとらえるツールは他に存在しないため、経営を全体最適で考えるためには、財務諸表を読み、利用する能力（会計リテラシー）は必須のスキルとなる。

会計の仕組みは家計をイメージするとわかりやすい。家計をやりくりして、将来の財産形成を計画するシーンを想定してみよう。

一般的な家庭の財産には、現金や預金、有価証券などがある。これらは比較的早く回転する資産なので「流動資産」と呼ばれる。一方で家や家財、車などは長く使われる資産なので「固定資産」と呼ぶ。

これらの家計のストックは、一部借金によって賄われている。ストックの資産金額から借金などの負債（負債にも「流動」と「固定」がある）を引いたものが正味の所有者の持ち分となる。これをまとめたシートを貸借対照表、（バランスシート＝ＢＳ）と呼んでいる。

一方、給料から必要経費を支払った後に、お金が残っていれば家計の余剰、つまり会社経営でいう「利益」が出たことになる。利益はそのまま貯金するか、あるいはローンを返すことで、自分の持ち分の資産（企業では純資産）が増えているはずだ。この利益の計算シートのことを損益計算書（ＰＬ：Profit & Loss Statement）と呼ぶ。

したがって家計のＢＳとＰＬは図のような形と関係になっている。

家計も企業会計も、基本は同じ構造になっている。事業スタート時点（期首）に、手元にあるストック資源のリスト＝貸借対照表（ＢＳ）があり、儲ける活動の結果を計算する書類として損益計算書（ＰＬ）がある。そして、その結果残ったストックのリスト＝期末のバランスシートを作る。この繰り返しが経営活動である。

以上からわかるように、「会計は、ＢＳとＰＬの二つの基本財務諸表で経営をとらえる」という、単純なツールである。

図表

家計のBSとPL

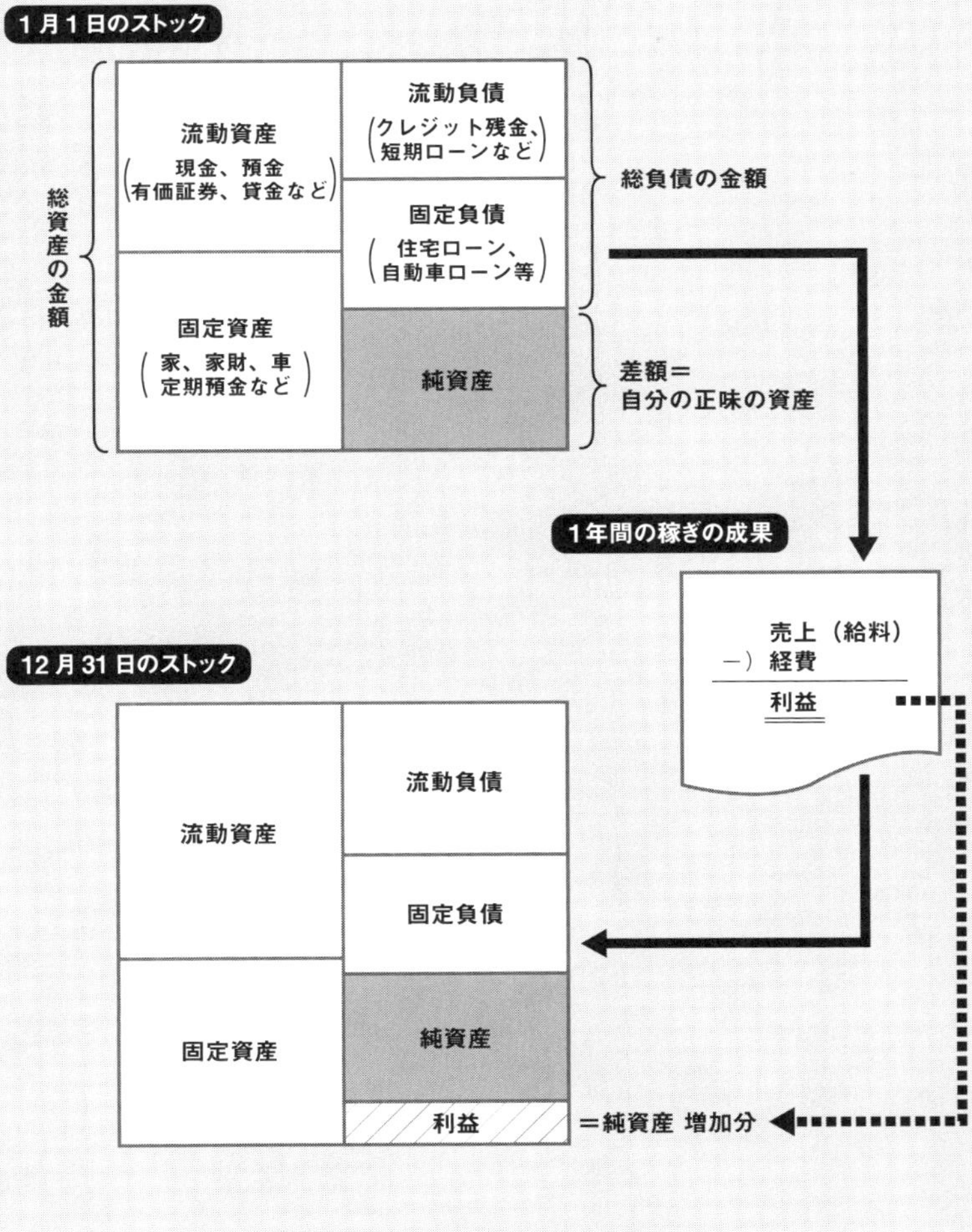
1月1日のストック
流動資産
(現金、預金
有価証券、貸金など)
流動負債
(クレジット残金、
短期ローンなど)
総負債の金額
固定負債
(住宅ローン、
自動車ローン等)
総資産の金額
固定資産
(家、家財、車
定期預金など)
純資産
差額＝
自分の正味の資産
1年間の稼ぎの成果
売上（給料）
−）経費
利益
12月31日のストック
流動資産
流動負債
固定負債
固定資産
純資産
利益
＝純資産 増加分

経営者の特徴と戦略を映す鏡

本書では財務諸表を読む際にBSの大きさ、PLの大きさ、そして利益の三つに注目している。とりわけ類書と異なるのは、企業の特徴をつかむために財務諸表の数字を比例縮尺図にして、図形でとらえる方法を用いている点だ。

売上や各費用項目、利益など、財務諸表は金額が尺度になっている。その金額の大小を、項目ごとの高さに置き換えて図式化し、一目でわかるビジュアルにして理解しやすい形にしている。それが「金額比例縮尺によるパターン認識」である。

金額比例の図式にすると、BSとPLのバランスに目が行きやすくなり、大きなお金を投じている項目が一目でわかる。そこに企業の戦略の重点、つまり経営者が何を重視しているのかが見えてくる。

本物の財務諸表は相当熟達しないと、読むことが難しい。本書では①儲けの構造をつかむ、②戦略を読む、③戦略の動きを読む、という三つに主眼を置き、細かな項目や専門用語にはこだわらない。

会計初学者の皆さんも、まずは本書でざっくりと数字から経営戦略の特徴を読み解く力を身につけていただきたい。

第3章

電動モーターに人生を賭けるエバンジェリスト

永守重信

Shigenobu Nagamori

1944年生まれ。

1967年：ティアック入社

1970年：山科精器入社

1973年：日本電産を創業

1984年：米国トリン社（ファンメーカー）買収　M＆Aの第１号

2008年：リーマンショックの影響を受けて業績低迷

2012年：パソコン関連需要の低下による業績低迷

2016年：企業内大学を開設

「子分にしたる！」

日本電産永守重信社長の親分肌の独断専行型リーダーシップスタイルを端的に物語る、面白おかしいエピソードがある。

それは永守が学生だった頃のこと。創業期からただ一人、今も永守に寄り添う日本電産副会長の小部博志との出会いのエピソードである。

小部は高校時代に、柔道部で先輩にいじめられた経験をもつ。だから職業訓練大学校に入学するために福岡から上京した時、煩わしい上下関係を逃れるために、学生寮を避け民家に下宿した。そこで出くわしたのが隣部屋にいた四つ年上の先輩永守だった。

「おう、君はどこの学校や」

「私は職業訓練大学校です」

「なんや、わしの後輩やないか。それなら今日からわしの子分にしたる」

小部はこう述懐する。「もう金縛りみたいな感じで、抵抗なんてできませんでした」

それから永守の使い走りが始まる。

「おい、小部、ビール買ってこい」「アイスキャンデー買ってこい」

ときどき、小部の母親が様子を見に上京してきた。永守の面倒見の良さを信頼した母親はこう言った。

「博志を差し上げますのでよろしく」

それ以来、永守から怒鳴られ続けて五〇年近くに。これからも離れるつもりはないようで、永守が会長になったら、小部は副会長になった。

名経営者には必ず補佐役がいるといわれる。本田宗一郎と共に歩んだ藤沢武夫。松下幸之助を支えた高橋荒太郎。セコムの飯田亮と戸田寿一……。それぞれ付き合い方のスタイルはまったく異なるが、いずれも強い同志的結合で結ばれ、相互に足らない部分を補完し合った。経営はしょせん、一人ではできない。

幾多の経営危機を乗り越える

〈図表３－１〉は日本電産の実績と目標を合わせた業績推移である。一九七三年の創業以来の売上高と営業利益の推移、そして二〇三〇年までの経営計画が描かれている。二〇二五年（目標）として売上高五兆円、二〇三〇年に同一〇兆円とある。本人は「大ボラ」と謙遜するが、壮大な急成長計画を永守は本気で思い描いている。

過去の推移を見ると、二〇〇八年度と二〇一二年度に利益がガクンと落ち込んでいるのがわかる。

二〇〇八年度はリーマンショックによる世界景気の崩落があり、日本電産の売上高も前期比一六％減、営業利益で同三三％減と大きく落ち込んだ。この時、永守はこう吐露して

図表 3-1

日本電産の創業以来の業績推移と目標

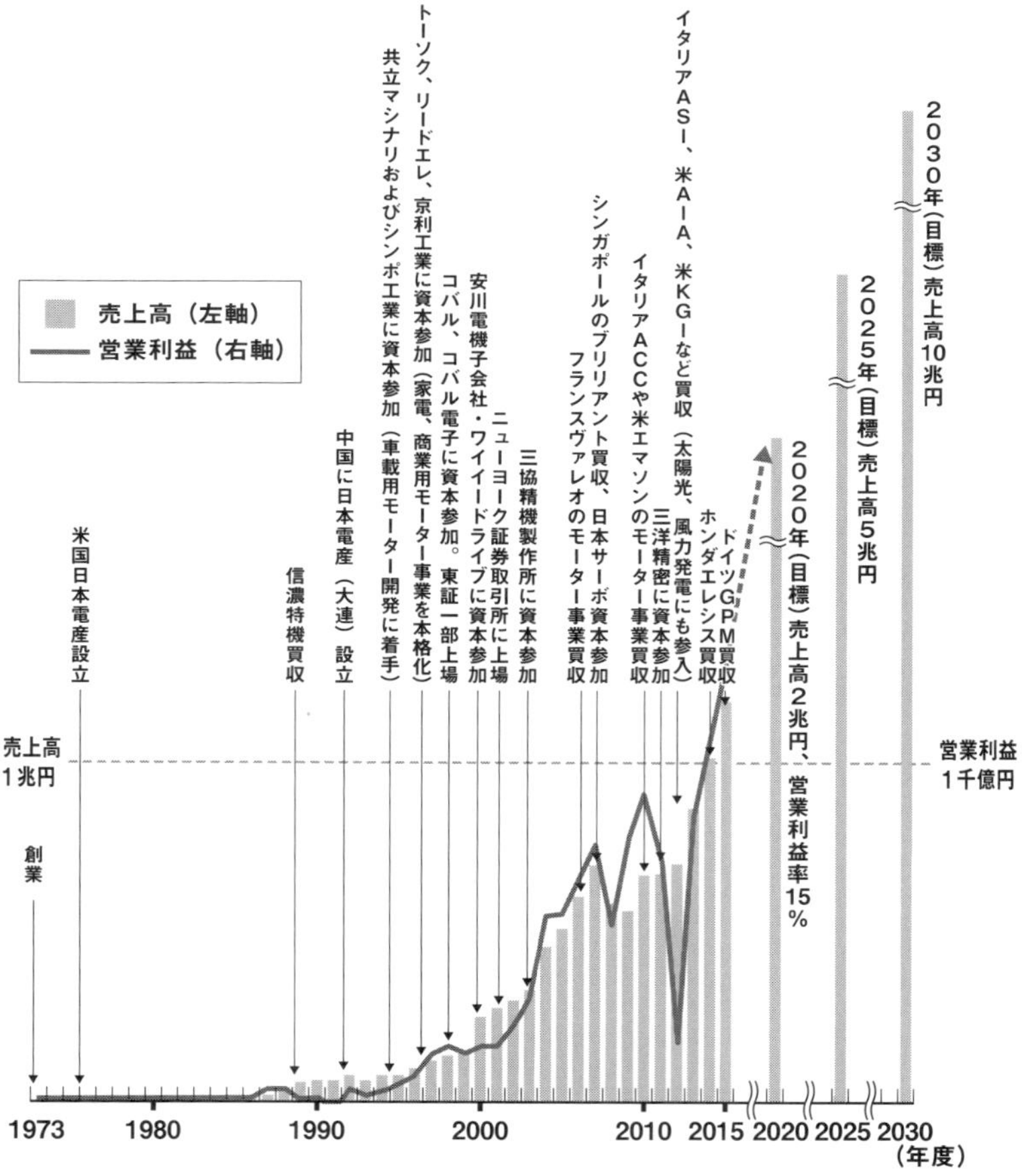

いる。

「会社がつぶれると思って、夜中に何度も目が覚めた」

日本電産はこのリーマンショックをなんとか乗り切ったが、またもや二〇一二年にパソコン関連需要の急激な落ち込みがあり、営業利益八〇％減という事態に直面する。日本電産はパソコンのＨＤＤで使われる精密モーターを供給するトップメーカーだったが、パソコンがスマホやタブレットに取って代わられるようになると、ＨＤＤ市場が一気に萎んだ。スマホやタブレットで使われるのはフラッシュメモリーで、ＨＤＤ用の精密モーターは使われないのだ。

パソコン市場がシュリンクしたことで、グループ企業の一つ日本電産サンキョーの主力事業の一つであった液晶ガラス搬送用ロボットの受注も落ち込む。

さらにスマホはデジカメ市場も破壊したが、そのおかげで日本電産コパルでは、デジタルカメラ用シャッターの受注が大幅に減少した。日本電産はグループ全体で、大きな環境変化の逆風を迎えたのだ。

その前年の二〇一一年にタイで大洪水があり、日本電産のタイ工場も大打撃を受けた。供給不足の反動から大幅な需要増を見込んでいた日本電産は、急速に増産体制を整えていた後だけに、受注減のショックは一層大きかった。

永守は「パソコン市場の縮小が想像していたより二年早かった」と述べたが、しかしその後の対応は早かった。すぐさま生産設備を縮小し、過剰となった工場や在庫などについては減損を計上して損切りした。海外工場では人員削減のための割増退職金も用意し、これらを含めて二〇一三年三月期決算で四〇〇億円の構造改革費用を計上した。

「こうなったら改革をさらに徹底的にやろう」

そして落ち込んだ精密モーター事業をカバーするために、それ以外の事業分野の企業買収にアクセルを踏んでいく。これが現在の好調につながっている。〈図表３－２〉は〈図表３－１〉の直近部分を拡大して営業利益を営業利益率に変えたものだが、利益率で見てもＶ字回復しているのがわかる。

二〇一四年度（二〇一五年三月期）に日本電産の売上高は一兆円を突破した。セグメント別では、この年初めて車載、家電、産業用モーターなどの合計売上高が、創業以来の主力事業分野だった精密小型モーターの売上を上回った。二〇一五年度には営業利益も一二四五億円と三期連続で過去最高益を更新した。

二〇二〇年に売上高二兆円を目指しているが、図にあるようにこのうちの五〇〇〇億円は新規のＭ＆Ａによって賄う計画で、Ｍ＆Ａをこれからも積極化すると宣言した。

若い頃から財務を猛勉

日本電産の決算説明会では、アナリストたちの質問に対して永守が自ら説明に立つ。そ

図表 3-2

日本電産の売上高と売上高営業利益率の推移

（同社 HP より）

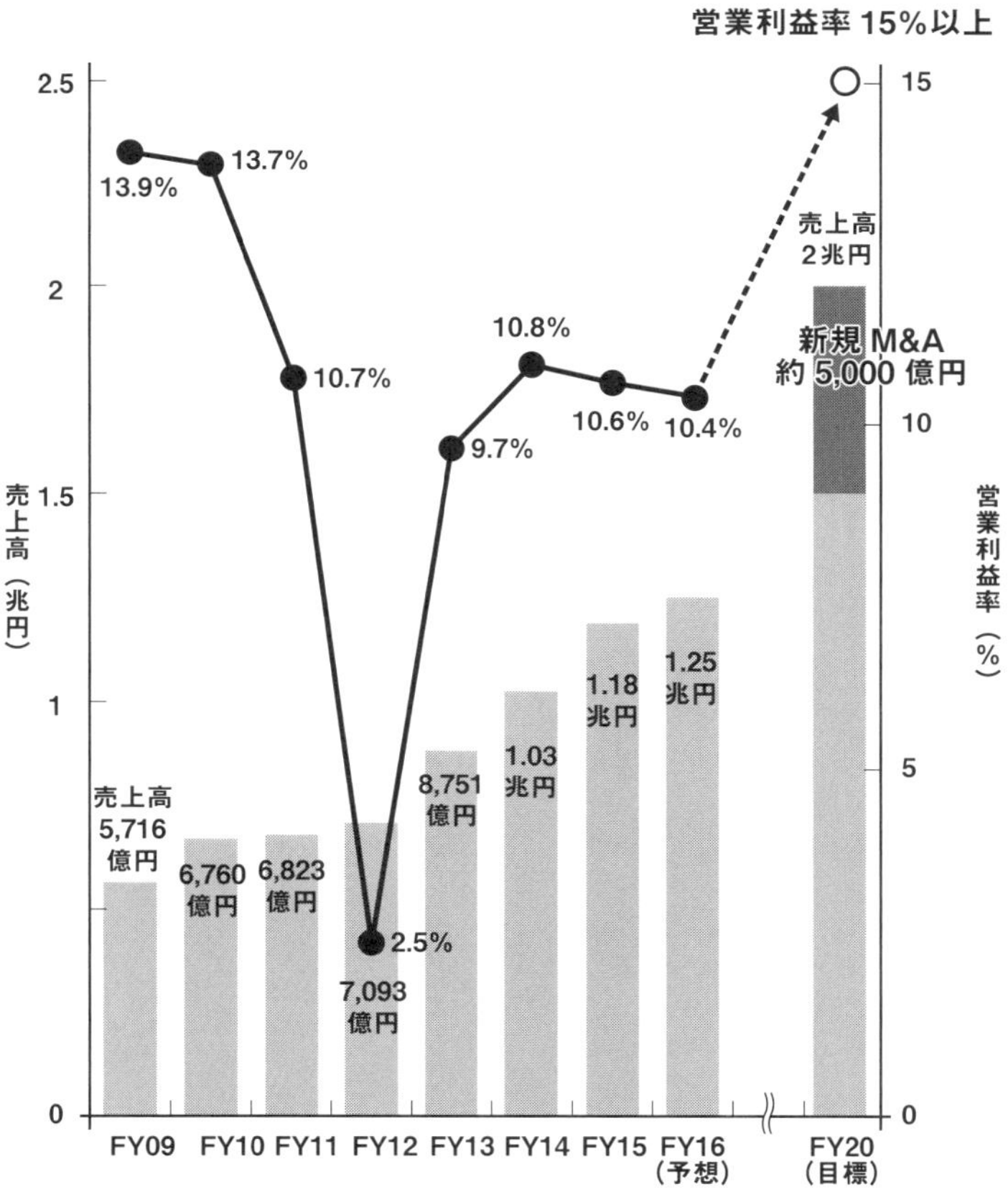

の説明は「立て板に水」といわれ、有名である。それどころか、緩い質問が出ると永守から反撃され、アナリストたちがやり込められることもある。それほど財務数値に明るく、どんな時でも永守の口から即座に数字が出てくる。

永守はもともとエンジニア出身だが、若い頃から財務を猛烈に勉強した。それは高校時代に、既にその片鱗がうかがえる。

永守の京都の生家はもともと貧しかったうえに、中学二年生の時に父親を亡くし、母親から義務教育を終えた後は働いてほしいと言われていた。中学の担任の説得もあって、何とか高校には進めたが、学費や小遣いを稼ぎださなければならなかった。そのために学習塾を始める。自宅に小・中学生を集め、永守はかれらに全教科を教えた。教材はガリ版刷りで手作りし、コストはわら半紙とガリ版代だけだった。

希望校に全員入学させて近所の評判になり、ピーク時には八〇人ほどの生徒が集まる。この時の稼ぎは大卒サラリーマン初任給の三倍以上だったという。お金が貯まると、永守はそれを元手に株式投資を始める。その頃、高校生にして『日本経済新聞』を読んでいた。

大学進学の時も、家族から反対された。すると高校の担任が学費のかからない大学を教えてくれた。それが東京・小平にあった職業訓練大学校（現職業能力開発総合大学校）だった。

同校の電気科に入学すると、必死に勉強に取り組んだ。当時授業はいつも最前列の席に陣取り、授業が終わるとすぐに寮に帰り、机にかじりついた。そんな姿を見た同級生から、「かまぼこ」と呼ばれるようになる。

永守は小さい頃、いつか大金持ちになりたいと思っていた。近所の金持ちの子供の家に遊びに行った時、そこで贅沢な生活を垣間見て衝撃を受ける。その子の父親の仕事を尋ねると、「社長」だという。その時、永守少年は、自分も社長になると心に決める。そしてそのために必要と思われる勉強を意識して行うようになった。

永守はもともと口下手だったが、それでは社長にはなれないと思い、中・高校時代には弁論部に入って口上を磨いた。職業訓練大学校では、文章を書くことに磨きをかけようと、自ら新聞部を創設し、編集長を務めた。新聞部の部活運営費を稼ぐために、学校出入りの業者から広告を出稿してもらった。なんとここでも永守は小さな経営の経験を積むのである。

大学校時代に、永守は株式投資の腕を上げる。授業中に短波放送で株価情報を仕入れ、授業を抜け出して株の売り買いを証券会社に指示していたという。

「勉強しながら、株価が動いたらパーッと教室から出ていって。今みたいに携帯電話はないし、公衆電話もないから、教務部へ行って学校の電話でやり取りしたこともあった。『ちょっと母親が危篤で』って言うて電話借りて。それで、『もしもし、あの株一〇万株売れや』というぐあい」

教務部長は見て見ぬふりをしてくれた。後に同窓会で、「ずっと株、やってただろう」と言われたという。永守の株式投資の素養は年季をかけて磨かれ、後のM&A投資につながっていった。

永守の小さい頃からの経験は、すべて今日の日本電産につながっているのだ。

永守は小学生の頃、相性の悪かった先生から一度だけ褒められた経験がある。それがマブチモーターのキットを組み立てる授業だった。永守が組み立てたモーターがクラスで一番静かで早く回り、それを褒められたのである。感激した永守の頭の中に、その時「モーター」の文字がクッキリ印字された。

「モーターって面白いもんやな」

そして永守が大学四年生の時、運命の出会いがある。大学校に教えに来ていたモーターの権威と出会ったのだ。永守は猛烈にモーターを勉強する。そしてその権威の推薦を得て、永守はモーターのメーカーに就職し、精密小型モーターの研究・開発という仕事に就くことになった。

しかし初めからいつか社長になるつもりでいた永守は、就職しても三五歳になったら独立すると決めていた。三五歳までに独立に必要な知識と経験、資金を得るために、四つくらいの会社を渡り歩く計画を頭に描いていた。

しかし独立のチャンスは意外に早くやって来る。二八歳の時に二つ目の会社を辞め、その会社に呼び込んでいた小部ら三人を引き連れ、日本電産を創業したのだ。

「他社ができないことをやります」

創業して間もない頃、永守らは顧客に見せる製品がなかった。そこでまず営業に奔走する。モーター製造の注文を取ってきては、小さなプレハブの小屋で自ら作るのだ。何のことはない、「売ってから作る」という自転車操業である。しかし訪問する先々で「モーターなんて余っている」と断られる。かろうじて受注できた仕事は、コンピュータ用の試作モーターのような、数が少なく他社がどこもやりたがらない無理な仕事ばかりだった。

「重さは従来の半分、パワーは倍、消費電力は半分というモーターを作ってくれ。数は二個。納期は二か月後」

いわばお情けでもらった注文を、創業の四人のメンバーで知恵を出し合い、図面を引いて夜なべ仕事で取り組んだ。客先の要求には及ばなくても、近い水準の製品ができて、恐る恐る届けると、「大したもんだ。まさかここまでやってもらえるとは」と買い上げてくれたという。

営業の決まり文句は「他社の半分の納期でできます。他ができないことをやります」となった。

「メーカーとして重要なコスト、品質、納期のうち、第一に重要なのは納期。セットメーカーが開発している最中に試作品を持ち込んでもたいていの場合、一度でＯＫになることはない。多少は完成度が低くても早く持ち込めば、セットメーカーはその部品を前提に開発を進めてくれるし、技術指導もしてくれる」（小部）

客先のメーカーが開発で重視するのはスピードである。それに何とか機敏についてきてくれる下請けメーカーなら、重宝がられる。しかし逆に対応が遅ければ仕事はすぐ他社に流れてしまうのだ。

とはいえ日本の大手メーカーは、系列組織がガッチリとできあがっていて、実績のない新参者には容易に胸を開いてくれない。切羽詰まった永守は、創業まもない時期にアメリカ企業への売り込みに、単身で飛び込んでいった。

サンプル製品を手に訪問した米３Ｍでは、永守はこう聞かれる。「スペックを落とさずに、これをどこまで小型化できますか」。すかさず「三割は小型化できます」と答えた永守に、こんな返事が。「三割小さくなった製品ができたら、また来てください」

半年ほどかけて、できあがった試作品を３Ｍに持ち込むと「本当に作ったんだな。すばらしい」と喜んでくれた。とりあえず一〇〇〇個の注文が取れ、後々の大量受注へとつながった。

「ずいぶん高い値段で買ってくれてね。信じられへんと思った」

この受注スタイルは、実は稲盛和夫と同じである。稲盛は京セラを創業し、成功させた伝説の経営者である。稲盛も勤務先の会社を数人の同志と共に脱藩し、一九五九年に京セラを立ち上げたが、最初は当然のように大手からは相手にしてもらえなかった。そこで奇抜な受注作戦に出る。

「他社でできないものがあれば、ウチがやります」

納期やスペック、価格などで他社が受注を断った品物をどんどん受注してきた。稲盛も早くからアメリカ企業へ売り込みに行っている。米ＴＩやＩＢＭといった企業へ営業をかけ、無理難題の受注を取ってきたのだ。

無理な注文自体、取るのは容易だろう。しかし稲盛や永守がすごいのは、その注文内容を何とか実行してみせたことである。実際には社員に徹夜仕事の連続で、働かせたことである。稲盛は次のように言っていた。

「ザトペックが現れて、トラックレースを猛スピードで走り抜けたとき、皆唖然とした。彼によってマラソンの概念は一変した。誰もができないと思っていたことをやれる人間が一人現れると、後は誰でもできる」

ザトペックとはヘルシンキ・オリンピック（一九五二年）で五〇〇〇メートル、一万メートル、マラソンの三種目で金メダルを獲得した天才ランナーのことである。「できない」という先入観が払拭されれば、何でもできる。これが稲盛の信念だった。

厳しい環境の中で、稲盛は社員に「潜在意識にまで透徹するほどの強い願望熱意をもって、自らの立てた目標を達成しよう」と呼びかけた。「寝ている時も仕事のことを考えろ」、「どんなに不可能な受注でも潜在意識に至るまでの情熱を持てば、不可能はない！」と叱咤激励したのだ。

永守の口癖も「ハードワーキングやあ！」である。無理を承知で、過酷な注文をこなすスタイルは稲盛と共通している。こんなエピソードがある。

技術の連中が音をあげそうになると、永守はいつも言った。

「大声で『できる』と百回言ってみい」

「できる、できる、できる……」

日本電産の工場では夜になると、こんな念仏のような合唱が聞こえてきたという。

「どや、できる気になったやろ。できると思えばできるんや」

小部は言う。「こういう営業をしていたから、お客さんと紐付きになるんです。お客さんは他社に転注したくても転注できない。…営業マンは大変だけど、クレームが来れば転注先がないから、ウチがきちんとやらないとだめだということです。こうやって品質も高まっていったんです」

実は永守は、ずっと稲盛を意識してきたようだ。稲盛の立志伝に感激し、管理職全員に読ませたこともある。

稲盛に対する強烈な意識は、本社ビルにも表れている。日本電産の本社ビルは二〇〇三年に建ったが、高さ一〇〇メートルを超える京都一のノッポビルである。それまで最も高いビルは、九五メートルの京セラの本社ビルだった。永守は京都一の高さにこだわった。最上階の社長室からは、京セラの本社ビルが見渡せるという。

なぜ永守のM&Aはうまく行くのか

日本電産はやがてM&Aも駆使して、急成長を遂げる。現在までに五〇社近くを買収している。実は最初の買収案件は、アメリカのファン（換気扇）のメーカーである。電子機器などの発熱を外に逃がすファンは、モーターと一体で売れる不可欠の部品だった。

永守のM&Aの対象となる事業領域は、極めて明快である。

「日本電産グループの事業の基本は、『回るもの、動くもの』です」

つまり日本電産は、モーターおよびモーターの関連製品しか手掛けていない。永守の目標は「あらゆるモーターでダントツの世界一」になることである。むしろモーター以外の事業は、一度手にしたものでも売却している。この結果、日本電産は世界に類のない「総合モーター企業」となった。

もともと電子機器用の精密小型モーターだけを扱っていたが、徐々に用途範囲を広げ、現在では車載、家電、産業用などの分野にまで拡張してきた。そして必要な技術や顧客ネットワークをM&Aによって獲得したのである。

車載部品では日産自動車系の旧トーソクやホンダ系の旧ホンダエレシスなどを買収し、人材も日産などから中途採用してきた。現在スマホの重要部品となった振動デバイスの技術も、バイブレーション用振動モーターで高いシェアを持っていた富士通系の旧コパルや、旧三洋電機系の旧三洋精密が開発したものである。

日本電産のM&Aの対象企業は大企業のグループ会社が多い。大手メーカーから、グループの中の苦戦するモーター事業に関して、事業売却の打診が来る。「こちらからお伺いしてお会いしたい」と、先方から話が持ち込まれるケースも多い。だから条件面で折り合わないことはあっても、M&Aは比較的スムーズに進む。トーソクやホンダエレシス、コパルや三洋精密などはそうした例の一部である。

なぜ大企業から事業売却の申し出が来るのか。

それはモーターという製品に理由がある。モーターの原理は一八二一年ファラデーによって発見され、商業的利用が本格化していくのは一八八八年のニコラ・テスラによる交流モーターの発明あたりからである。もちろん最近の技術革新が大きいとはいえ、伝統的な古い製品なのである。しかもあらゆる分野で動力源として使われ、個別の製品ごとに適合したスペックで作られるので製品の種類は限りなく存在する。

従来は電子機器や家電、産業機器など多くの企業のグループ内で自前生産されることが多かった。しかし伝統製品であるだけに、個別企業ごとの少ない生産量では採算が取りにくい。技術革新やコストダウンにも限界がある。したがって大手メーカーでは、むしろアウトソースしたい部品アイテムとなっていたのである。

日本電産はこうした子会社の買収を進め、モーター関連一本に絞ることで、最大の量産効果を手中にした。その強い基盤の上で技術開発力も上げてきた。強くなるはずである。

あらゆる機能を丸抱えしてきた企業が効率の悪い部分をアウトソースし、バリューチェーンを再構築するプロセスを、ＢＣＧ（ボストン コンサルティング グループ）はデコンストラクションと呼んだ。そしてバリューチェーンの一部に特化することで優位に立つ企業のことを「レイヤーマスター」と呼び、その例としてインテルやマイクロソフトをあげた。日本電産はデコンストラクション時代に、モーターのレイヤーマスターとなりつつある。ダントツのレイヤーマスターになることができれば、業界のデファクト・スタンダードの地位も転がり込む。

永守は言う。「モーター事業は陣取り合戦。取るか取られるかだ」と。

日本電産のライバルには産業用ではスイスのＡＢＢ、家電用で米リーガルベロイトなどがある。彼らとは買収合戦でぶつかり合うことも多い。業界再編が遅れていたモーター業界は、今や急速に集約に向かっている。

今日、自動車会社のようなグローバルに展開する企業では、同一製品を世界に同時投入することが求められる。そうなるとモーターのサプライヤーも世界に広がる客先の工場に納入できる規模とコスト競争力、そして技術的な幅の広さが必要になる。したがって高シェアであることが、ますます競争に勝つ強い武器になる。永守に言わせれば、次のようになる。

「シェアがコストと人材を作るんや」

シェアが高いことで、供給力やコスト競争力が高まるだけでなく、製品ラインナップも広がれば足らない技術や人材も集まってくる。技術力とコスト競争力がますます高まれば、価格競争にも勝てる。一方で価格競争に敗れた競争相手は、日本電産に自らの売却を打診してくる。ライバルを買収すれば、競争相手がまた一社減り、日本電産はますます強くなる。この好循環が永守の勝利の方程式だ。

「三協（三協精機製作所）もサーボ（日本サーボ）も競争相手だった」（いずれも被買収企業の名称）

製造業はこれからますます新興国とのバトルが激しくなるはずである。新興国の顧客に対してはハイエンドの製品も必要だが、量的にはローエンドの製品が多くなる。それに対応するために、日本電産では古い技術を温存している。技術の世代が古い分、安く提供できるからである。したがってあらゆる世代の製品に対応できるように、年配の技術者も大事にしているという。ローエンドでも勝てれば、新興国企業が侵攻するのは難しくなるばかりだ。

業界の盟主となるためには、買収合戦に勝つことも必須である。スムーズに買収するためには、相手先企業の従業員などステークホルダーから歓迎されることが必要条件である。敵対的買収は成功確率が低い。日本電産もトライしたことはあるが、途中で引き下がっている。ステークホルダーから歓迎されるために、永守は「経営の自律性を尊重する」、「従業員の首切りはしない」といった方針を取ってきた。このＰＲ効果は今までのところ成果を上げている。

二〇一〇年に買収した米電機大手エマソン・エレクトリックのモーター事業買収の際に、永守は次のような熱弁をふるった。

「エマソンにとって、モーターはもはや中核事業ではない。当社なら世界一を目指せる」

エマソンは一九世紀にモーターで創業した企業である。しかし既に制御機器に軸足を移していたため、モーター事業には開発投資も設備投資も極めて消極的だった。だからモーター事業部には不満が鬱積していたらしい。したがって永守の熱弁を先方の幹部たちは拍手で迎えた。

「日本電産に買収されても、幹部も首を切られないという安心感があるようです。しかもストラテジックバイヤーですから、買収しても転売するわけでなく、ずっと持ち続ける。だからどんどん案件が持ち込まれるようになりました。…モーター部門を持っている会社はほとんど売りたいという意向だと認識しています。ただ値段が合うのか。日本電産の体質に合うのか、見極めが大事でしょうね」と永守は言う。

コストに厳しい三つの改革手法

買収合戦を制するといっても、永守は高値買収をしない。およそＥＢＩＴＤＡ[1]の一〇倍以内と決めている。コスト競争のきつい世界で、高すぎるのれん代は賄いきれないからだ。

また相手先の従業員の首切りをしないといっても、永守が働くことに甘いわけではない。むしろ先にも述べたようにハードワークを従業員に求める。「怠け者は辞めてもらう」と永守はハッキリ言う。だから一時は「ブラック企業」の烙印を押されたこともあった。

実際に有価証券報告書によれば、日本電産の連結ベースの従業員数は二〇一二年三月末の一〇万七四八九人（他に臨時雇用者二万四八八五人）から、二〇一五年三月末には九万八四三九人（同二万九一四〇人）と減少傾向にある。売上高は同時期に六八二三億円から一兆二八四億円に増えているので、人員効率は大幅に上がっている。

大企業のモーター子会社の場合、子会社が業績不振に陥る責任は親会社側にもある。グループ系列企業にありがちな、内製による甘えの問題である。グループ会社だということで、親方日の丸意識から取引が安易になりがちだ。また親会社の需要だけでは生産キャパを埋められないことが多く、儲からない仕事の下請け作業まで請け負っていたりする。

永守はＭ＆Ａを行った後、とりあえず元の経営陣の自律性を重んじ、日本電産の幹部人

1 EBITDA は、「Earnings before interest, taxes, depreciation and amortization」の略で、金利、税、有形固定資産の減価償却費、無形固定資産（のれん等）の償却費を引く前の利益のこと。営業利益は税や支払利息がまだ引かれていないので、「営業利益＋減価償却費」と考えればわかりやすい。EBITDA は営業キャッシュフローの金額に近く、総投資額に対して、どのくらいキャッシュが上がってくるのかがつかめる。投資額の大きい企業では、営業利益よりこちらが強調されることが多い。

材は最小限しか派遣しない。またその人件費は先方に負担させない。手弁当で再建をサポートし、利益が出れば買収先の従業員の給与にその余剰分を還元するようにしている。「乗っ取り」のイメージにつながらないよう配慮しているのだ。

とはいっても日本電産の傘下に入れば、コストコントロールは厳しく、受注営業もアグレッシブに変貌する。その三種の神器ともいうべきものが、①Ｋプロ、②Ｍプロ、③事業所制、という三つの改革手法である。

例えば二〇一一年七月に買収した旧三洋精密は、スマホ用振動モーターで世界シェア三〇％をもつトップメーカーだったが、直前の二〇一一年四〜六月期まで約六億円の営業赤字という状態だった。しかし日本電産の傘下に入った直後の七〜九月期には二億五〇〇〇万円の黒字に転換している。業績が急変したのは、上の三つの施策の効果によるものである。

Ｋプロは「経費削減プロジェクト」の略で、人件費、材料・外注費などを除く、事務用品費、光熱費、出張費、物流費、交際費などの経費を削減する活動のことである。売上高一億円当たり五〇〇万円以下、つまり五％という上限指標を設けていて、それ以内に収めることがノルマとなる。過去の実績では買収前には一〇％ぐらいはあったものが半減するという。

例えば事務用品などでは、机の中には使わないボールペンやファイル、クリップ、ノートから、不要な設備やスペースに至るまで徹底して棚卸し、費用削減できないかチェックする。その徹底ぶりについて、買収先の幹部はこんな話をする。

「会長（永守のこと）に下手にティッシュを出したら、どこで買ったと聞かれるんです。そして『おれは銀行からもらった』と（笑）。とにかく徹底しているんです」

同時に進められるのがMプロである。これは「購買費削減プロジェクト」のことで、「まけてもらう」をもじっている。実際には複数使っていた調達先を絞り込んで購入価格を下げたり、より低い価格の資材を探して調達先を切り替えたり、あるいは設計や生産方法を見直して、少ない部材で製造できるようにしたり…、徹底した調達改革が行われる。

Mプロと並行して進められるのが「一円稟議」である。これは初年度に、一円以上の購買稟議書（つまりすべて）について、永守ないし日本電産の派遣幹部がチェックするというものである。

永守らの頭の中には、およそモーターに関連するあらゆる原材料の購買価格がインプットされており、甘い購買をしているかどうかが、すぐチェックできる。さらに日本電産の傘下に入ると、まもなく川上の取引企業を集めて、永守による値下げ要請が行われる。そのうえでMプロでは最低五回は取引先と交渉するよう求められるので、大幅なコストダウンが可能となるのだ。

「日本電産グループでは仕入先を共通化しておりますから、京都の部品メーカーはみんな

諦めています。…日本電産価格だなということで価格もかなり安くなろうかと」(永守)

交渉力が発揮されるのは川上の取引先だけではない。販売顧客に対する交渉のやり方も変わる。

その仕組みが「③事業所制」である。

日本電産の組織では、営業は別働隊のようになっていて売上責任だけを負っている。注文は受けるというのが基本的スタンスであり、断るということはほぼない。この姿勢は創業時から一貫している。

一方で、工場が利益責任単位（プロフィット・センター）[2]になっている。開発部門は売上高の二・五～五％の技術料を取ることになっていて、ここもプロフィット・センターである。

したがって営業は本社の利益を含めた価格を工場に提示し、工場は自ら採算が合う価格を提示して、ここで内部交渉が始まる。工場は基本的に、市場の要求する価格に合わせなければならないが、利益も確保しなければならないので、さまざまなコストダウンやモノづくり革新を模索することになる。

事業部制で、「営業＋工場ワンセット」のプロフィット・センターにすると、事業部長の判断で「利益が出ないなら、受注はやめておこう」となりがちである。しかし創業時からの伝統である、市場の無理な要求を何としても実現する仕組みを、今も温存しているの

2　マネジメント・コントロールのPDCAプロセスでは、ほとんどの企業で予算管理制度が使われるが、各部門に「売上高－費用＝利益」の利益責任を持たせる場合、その単位部門をプロフィット・センターという。総務・経理部など管理部門や研究開発部門は通常は売上がないので、費用予算でコントロールされ、コスト・センターと呼ばれる。独立した法人格をもつ子会社などでは、投資決定や資金調達まで権限と責任を持たせる場合がある。つまりBSとPL両方の予算責任を持つ場合、それらはインベストメント・センターと呼ばれる。

だ。

「顧客の注文を断るということはあり得ない。注文を断るなんていうのは営業じゃない。顧客の要望に必死になって応えろ。…情熱、熱意、執念、知的ハードワーキング。すぐやる。必ずやる。できるまでやる。この三大精神で取り組めば、できないことはない」

〈図表３－３〉は日本電産のＢＳとＰＬである（二〇一六年三月期）。

ＰＬを見ると、営業利益率は二ケタの約一一％となっている。研究開発費を「明日への投資」と考えれば、「研究開発費控除前の営業利益」が現在の収益力ということになるが、これは約一五％となる。

一方で売上原価率は七七％であり、粗利率二三％は高収益とはいえない数字である。しかしこれを顧客の要望に沿った良心的価格の反映と見ることもできる。そして高い営業利益率は、研究開発費を除く販管費率八％という低い数字でもたらされている。Ｋプロ、Ｍプロなどで、販売や管理のムダを最小限にしている様子がうかがわれる。

もう一つ面白いのは、ＢＳの現預金と有利子負債である。両者を相殺すると、ネットデット（実質的な借金）はマイナス五一億円となる。つまり実質的な無借金である。借金をする一方で現預金を積んでおくという極めて保守的な資金管理をしている。

これはグループ企業の自主経営が尊重されている面もあるが、創業期に不渡手形をつかまされた経験に起因するようだ。永守は、かつて債権者集会で倒産会社の社長の悲惨な姿

図表 3-3

日本電産の比例縮尺財務諸表

（2016年3月期　PLは営業損益まで表示。米国会計基準，単位：億円）

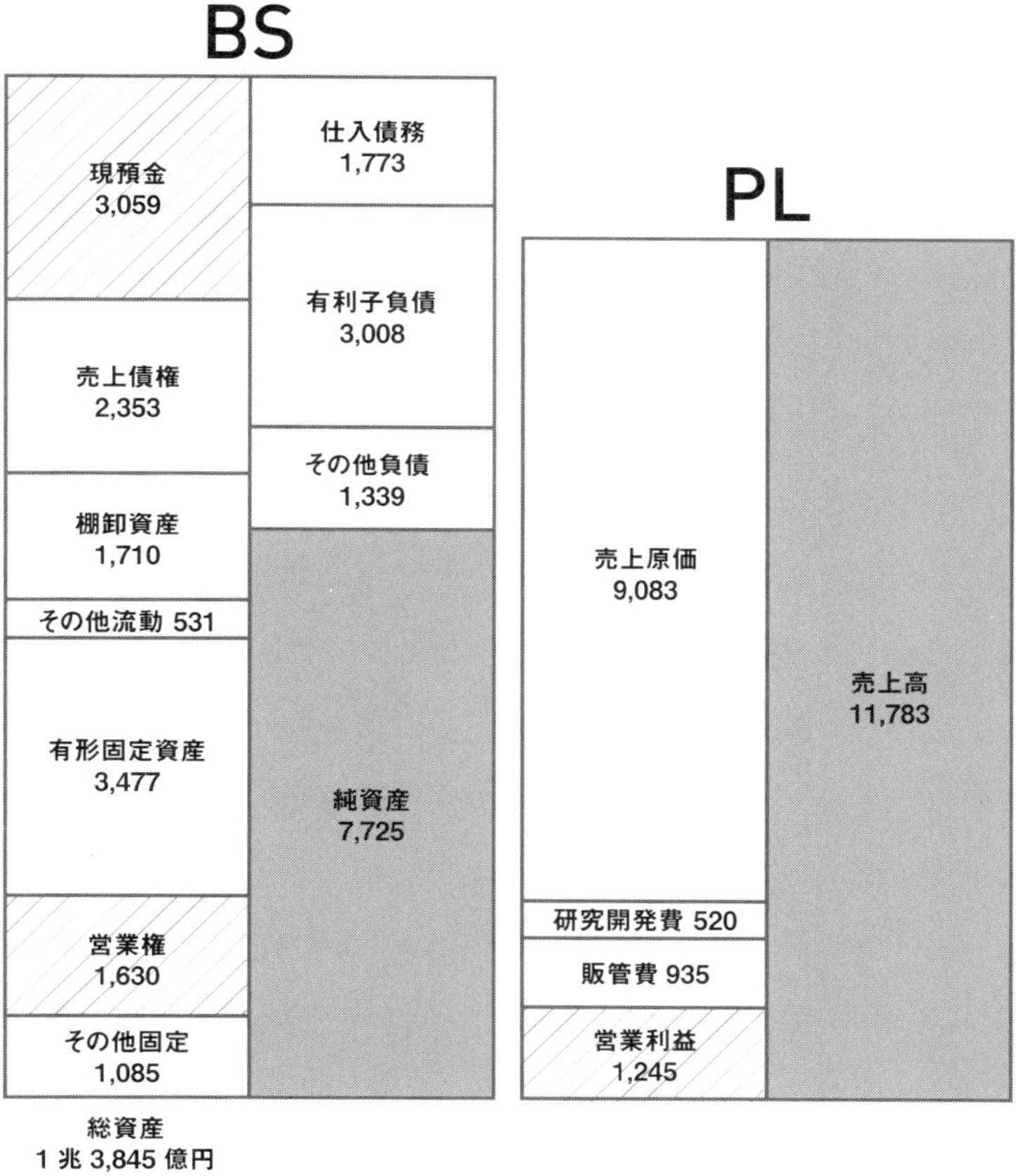

を見て、「会社は絶対につぶしてはいけない」と肝に銘じた。銀行はいざとなったら信用できない。そんな時でも、キャッシュが売上の三か月以上あり、その他に受取手形が何か月分かあれば、リカバリーする時間的猶予が得られる。その間に何らかの手を打てるというわけだ。リーマンショックの時に、眠れない夜を過ごした永守は、一層その信念を強くしただろう。

ちなみに図表には出ていないが、日本電産の税率負担は低いことで知られている。「法人税／税引前当期純利益」は、二〇一四年度二七％、二〇一五年度二二％と日本企業の中では相対的に低い。税率の低い国を含めて、世界展開のメリットが永守の構想に描かれているに違いない。

日本電産の財務諸表には、永守個人の信念や戦略がにじみ出ている。

「モーター」に人生を賭けた本田と永守

モーターは日本語で原動機、ないし電動機という。自動車は英語でモーター・カーといい、モーター・インダストリーは自動車産業を指す。

このモーターの可能性にかけた稀有の企業人がもう一人いる。本田技研工業を創業した本田宗一郎である。

本田技研の定款にある「会社の目的」は一九九〇年代の初頭まで左の二行のみだった。

至ってシンプルである。

「会社の目的：一．原動機及び輸送用機械器具、農耕機その他原動機を利用した機械器具の製造、販売及び修理　二．上記に付帯する事業」

つまりホンダは「原動機の会社」だった。本田宗一郎は小型・高効率の原動機で技術的にブレイクスルーできれば、動力を必要とするあらゆる市場を制覇できると考えていた。だからホンダが二輪車からスタートして、四輪車に多角化したのは当然の展開だった。Ｆ１は超高性能原動機の利用手段であり、農耕機は劣悪な環境の中で長時間使われる低速高トルク原動機の利用手段に過ぎない。だからこれらはすべてホンダの事業ドメインとなる。

また二次元平面を移動するのがオートバイや自動車なら、三次元空間の移動手段が飛行機である。ロボットは遠隔操作で宇宙空間をも移動しうる。つまり四次元空間の移動手段と見ることもできる。だから飛行機やロボットのアシモも原動機のホンダの本業分野であり、手掛けるのは当然と考えられている。

創業当時から原動機について壮大なビッグ・ピクチャーを頭に描いていたのが本田宗一郎なら、永守重信もモーターに人生をかけた企業人という意味で、きわめて似た構想力を持っていたというべきだろう。本田が原動機にイノベーションをもたらしたエバンジェリストなら、永守は電動モーターのエバンジェリストといっていいだろう。

しかも二人の描いていたモーターは自動車やロボット、その他の分野で重なりつつある。

最近の自動車には、モーターが一三〇個前後使われているという。電気自動車や燃料電池車では、電動モーターそのものが車を駆動する。またモーターをカメラやセンサーと組み合わせて、先端の衝突回避システムや自動運転サポートシステムなどに展開利用する可能性が開けている。日本電産が買収したホンダの子会社ホンダエレシスは、もともとホンダとNECの合弁会社であり、制御電子部品や通信デバイスを作っていた。日本電産の傘下となった今、機能部品とモーターを一体化して新しい機能部品を開発することが期待されている。

これからの時代、技術の一大潮流がIoTである。IoTの時代には、すべての情報ネットワークが動力源とつながって動くようになる。例えばロボットは情報システムとモーターの塊といってもいい。そんな時代の中心に、いつのまにか日本電産も位置している。また自動車や家電などすべての分野で、省エネ、高効率がテーマになっている。永守によれば「世界の電力消費量の五〇％以上はモーターによるものだ」という。あらゆる分野で高効率で省エネのモーター開発が期待されている。そんな世の流れも、日本電産の追い風になる。

「世界中の自動車のフロントガラスのところには『Nidec Inside』っていうラベルが張られる。そのラベルを張らないと、質の高い自動車とは見られなくなる。そういう企業になっていく」（永守。Nidec は日本電産の英訳名）

〈図表３－１〉に掲げた目標には、二〇三〇年に売上高一〇兆円とある。

「夢を形にするのが経営ですが、その夢の前にホラ。それも大ボラ、中ボラ、小ボラと変化していって夢にたどりつく。夢まで来れば現実化するのは時間の問題です。ただ二〇三〇年の売上高一〇兆円は現在のところ〝大ボラ〟そのものですが…」

孫正義の時価総額二〇〇兆円グループもそうだったが、永守の大ボラも一概にホラと片付けられない気がする。時代環境が永守にとって、フォローの風となっていることは間違いない。

一〇〇年企業に残されたテーマ

企業の寿命は三〇年といわれる。日本電産は創業から四二年が既に経過した。永守は一〇〇年企業を掲げている。創業経営者にとって、特に個性の強烈な創業者にとって、経営の後継問題は最大のテーマだろう。

二〇一一年三月の『日本経済新聞』のインタビューで、当時六六歳の永守は後継者の条件について次のように述べていた。

「後継者の条件は日本電産で一〇年以上働き、企業風土を身につけていること。社長を最低一〇年務めてもらうため就任時の年齢は五〇歳から五五歳ぐらいまで。担当した事業で一定の実績を上げていることも必要だ。何より重要なのは仕事が大好きで、よい意味での野心を持ち、常に挑戦し会社に変化をもたらし続けられることだ。日本人にはこだわらない」

永守のような創業者的スタイルを後継者に求めるのは無理なので、集団合議制の経営陣にバトンを渡すことを考えているようだ。

「スパッと退くつもりだが、創業者は退任後一〇年は経営に対して責任があると考えており、大所高所から意見することにはなるだろう」

こう言う一方で、リーマンショック後の経営の厳しい時期に考えが変わったとも漏らす。危機管理の時は、トップダウンの創業者でないと乗り切れないと。

「再び成長スピードを上げるには経営判断のリスクを取る覚悟が必要であり、サラリーマン経営者には難しい。二〇三〇年に売上高を一〇兆円にする夢に向け、経営に対する意欲はがぜん高まった。今はかつてないほど力がみなぎっている」

永守の気持ちが揺れていることは、インタビューから伝わってくる。

永守は社内に適当な後継人材がいないと判断して、外部から招聘する努力もしている。

実際に日本電産では、社外取締役を除いた取締役一〇人のうち生え抜きは小部を含めて二人しかいない。二〇一三年にはGEのグループ企業CEOを務め、日産系のカルソニック・カンセイCEOも歴任した呉文精を副社長兼COOに迎えた。当時、周囲からは後継候補者と目された。また二〇一四年には元シャープ社長の片山幹雄を副会長兼CTOに招いた。しかし二〇一五年六月の株主総会で呉はＣＯＯを外れ、九月には会社を退職してしまった。後継候補者から外れたことが退職の理由という（呉は二〇一六年四月にルネサスエレクトロニクスの社長ＣＥＯに迎えられた）。

二〇一五年八月三〇日の『日本経済新聞』のインタビューで、永守はこう言う。

「会社も大きくなって『育成するには時間がかかる。外には優秀な人もいるだろうから、そういう人を入れれば楽になる』と思った。で、そういう人を入れだした。灘高↓東大↓ハーバード大みたいなエリート人材だ。…結論をいうと錯覚だった。そういう経歴の人が経営がうまいとは限らない。外資に三年いたとか、それだけでは難しい。やらせてみたら『これだったら自分が育てた生え抜きの方が上だ』と最近わかった。…それでもう一回経営塾を始めて育成にエネルギーを使おうと考えた。時間はかかるが仕方がない。世の中、そんなに人材はいないよ」

この言葉の通り、二〇一六年度に「企業内大学」を開設すると発表している。宿泊棟付きの研修施設も建設する予定で、永守が講義するほか、外部講師も招く。幹部候補生を選抜し、一年間にわたって永守流経営学を浸透させ、幹部人材を育てることにしている。

しかしこのインタビューの最後で、こんな言葉も残している。

「僕か？　あと一五年、第一線にいると思うよ。肩書は多分変わる。会長になったりな。一〇兆円成し遂げたら、リタイアだ」

永守の現在の肩書は「会長兼社長」であるが、この発言はそのことを忘れているかのようだ。要するに健康でいる限り、一生涯トップを務めるつもりなのだろう。プロの職人は一生プロとしての技を突き詰めたい、と思っている。それは創業経営者にとっても当然の願いだろう。

しかし永守自身、リーダーが後継リーダーを育てることの矛盾を自覚していることがうかがい知れる。著書『「人を動かす人」になれ！』の中で、「チームワークばかり叩き込むと、決断力、指導力がにぶる」という一文で、次のように言っている。

「日本の社会のなかにプロの経営者を育成する仕組みがまったく根づいていない…。超大手企業にも管理職を育てる仕組みはあっても、経営者を育てる仕組みはない。一流の大学を出た優秀な人材に、…チームワークや協調性の重要性ばかりを叩き込む。しかし、経営者に必要なのは決断力、判断力、指導力などであって、これはチームワークや協調性とは対極をなすものである。二〇歳代、三〇歳代にチームワークや協調性を身につけてしまった人間が、四〇歳代、五〇歳代になって、これまでのやり方や発想から一八〇度転換せよといってみても、そうそうできるものではない」

リーダーが部下を厳しく指導すればするほど、部下がリーダーに心酔すればするほど、フォロワー人材からリーダーたる尖った資質が失われていく。創業者が後継者に自分との協調を強いれば、それは後継者の決断力の源である個性を殺すことになる。このパラドックスは一面の真実と言わざるを得ない。

永守の真意は、創業者を超える人材を育てたいということだろう。しかしそれは創業者の経営を否定し、時として牙をむくくらい尖った人材のはずだ。自分の経営を否定し凌駕する後継経営者を育てるのは、だから口で言うほど一筋縄ではいかない。だがこの仕事を成功させた企業がないわけではない。例えばＧＥやホンダがある。

ＧＥジャック・ウェルチは先代の名経営者といわれたレグ・ジョーンズから後継者の指名を受けたが、もともと本命視されていなかったという。ジョーンズがウェルチを選んだ理由は「自分が築いたものを壊してくれる存在」と考えたからだという。実際にウェルチはジョーンズの作ったＧＥの形をぶち壊し、作り替えた。

そのウェルチが選んだ後継者が現ＣＥＯのジェフ・イメルトである。その選抜の理由も明快で、ウェルチの経営を否定できる人物だったからである。現実にイメルトは、ウェルチの出身母体プラスチック部門を売却し、ＧＥを金融などを含むコングロマリットから、ＩｏＴを中心に据えた製造業へとまったく別の形に作り変えつつある。

ホンダも経営のバトンタッチに成功した企業といえよう。

この章の冒頭で、名経営者には必ず補佐役がいる話をした。本田宗一郎の評価が高いのは、「引き際が鮮やかだった」からだといわれている。しかしその幕引きを演出したのは、補佐役の藤沢武夫である。直接的なきっかけはエンジンに関する「空冷対水冷論争」である。空冷エンジンにこだわり続ける本田に、若手が造反した時、藤沢は言った。

「あなたは本田技研の社長としての道を取るのか。あるいは技術者として残るのか」

このことが、引退の潮時を本田に悟らせることになった。

本田と藤沢は、親分子分の関係ではない。お互いをリスペクトしつつも、性格も趣味も対照的で、意見も本音で言い合い、しばしばぶつかり合う関係だったといわれている。しかし自分を否定する人物を対等に扱い、その存在を許容したことが、後継経営者を育て本田技研をさらに成長させることになった。本田に反発して退職を覚悟した水冷エンジンの開発リーダー久米是志《ただし》は、後にホンダの三代目社長になった。

原動機のエバンジェリストが本田なら、「電動モーターの〝本田宗一郎〟」と呼ぶべき永守に残された仕事が、後継者育成であることは間違いない。後継問題は、日本電産が一〇兆円を超える売上高のホンダと並ぶ企業に成長できるかの分かれ目になるはずだ。永守が自らの経営を否定する若手異分子の育成に成功した時、日本電産は一〇〇年企業へと飛躍するに違いない。

第4章
猛勉を続ける執念のオープン・イノベーター

似鳥昭雄

Akio Nitori

1944年生まれ。
1967年：「似鳥家具店」を創業
1993年：本州初出店
2007年：台湾初出店
2013年：アメリカ初出店
2014年：中国初出店
2015年：百貨店内初となるプランタン銀座に出店

漢字で名前を書けない劣等生？

『日本経済新聞』に二〇一五年四月から一カ月にわたり掲載されたニトリHG社長（現会長）似鳥昭雄の「私の履歴書」は、話題をさらった。「『私の履歴書』がスゴイことになっている！」、「ハチャメチャで面白いが、本当の話だろうか？」、「自虐的な人？」などなど賛否、硬軟交えて、私の周りでも議論が弾んだ。

ご本人は自身を指して「アガリ症、いじめられっ子、悪さの数々、七転八倒の人生」といい、最後に「反響の大きさに正直驚いた。一方、品のない過去の行為に批判があったことも承知している」と認めている。ことの真偽や評価はともかく、従来の「私の履歴書」に登場した経営者とは、まったく毛色の違うキャラクターであったことだけは間違いない。むしろ作家やアーティストたちのような、笑いと哀愁に満ちた破天荒な人生譚だった。

その「履歴書」に、こんなエピソードがある。

似鳥は数年前、小学校時代に担任だった教師（故人）の家族から手紙を受け取る。

「私はニトリ社長の小学校時代の担任をしていた女性の孫です。祖母がよくこんな話をしていました。クラスで一人だけ漢字で名前を書けないのは似鳥君だけで、教えても教えても覚えられず、結局ひらがなで書いていました。あの似鳥さんが北海道で成功している。何でなんだろう。そのいきさつが聞きたいとよく話していました」

小中学校時代の同級生たちは誰も、似鳥が今のような成功者になるとは思ってもいなかったという。

「ニトリってのは、あの似鳥か。うちの学校にいた似鳥があんなになったのか。いやぁ、信じられないな…」

似鳥の妻・百百代ですら、似鳥がモノになるなどとは一度も思ったことはないし、今でもモノになったとは思っていない、と告白している。似鳥は昔のままと変わらない。遊ぶとなれば靴を頭に乗せチョンマゲ代わりにして「刃傷松の廊下」を歌う。そんなバカを平気でやらかす似鳥を見て、こう思う。

「不思議な人だわ…」

似鳥が社員の前でいつも口にする言葉が「おれは頭が悪い」である。また人に会った時にも、いかに自分は出来が悪くて、欠点が多いかを話す。

経済評論家の堺屋太一は、似鳥を珍しい存在の経営者だと言っている。それは会社が経営的に傾いた頃、似鳥が自殺ばかり考えるようになったエピソードから、普通の経営者とは対照的だというのだ。会社を大きくした経営者とは、楽観的で苦境にも動じない人物像が思い浮かぶが、それとは大きく外れている。

いずれにしても似鳥の歴史は、英雄伝とは一線を画した、ユニーク極まりないハラハラドキドキの冒険物語である。

ただ「漢字で名前を書けない小学生」と、今日の大企業経営者・似鳥との落差、これが似鳥の経営スタイルを雄弁に物語っているのではなかろうか。似鳥の真骨頂は「落差」、いや「伸びしろ」にある。

筆者はビジネススクールでの経営教育で二二年間、学生諸君と向き合ってきた。学生には二通りのタイプがいる。それは自分を過大評価する学生と過小評価する学生である。どちらが指導する側から見て面白いかといえば、それは後者である。伸びしろがあるからだ。

過大評価するタイプは、エリート街道を走ってきた人に多い。デキル人が実際多いのだが、今までの成功に安住して、その後伸びが止まってしまうケースが往々にしてある。「それはわかっています」と教師のアドバイスにも真剣には取り合わない。いきおい自分の欠点を改善しようという意欲も小さい。

一方、過小評価するタイプは「自分はできない。いたらない」と思っているので、何とかリカバリーしようとする。教師や同僚のアドバイスに対しても素直に耳を傾け、積極的に工夫して改善しようとする。自信のない人は自分のポテンシャルを過小評価し、自分の可能性を閉ざしているだけのケースが多い。だからその壁を取り払う助言をしたり勇気づけたりすると、大化けすることがあるのだ。

似鳥は後者の典型だろう。似鳥の伝記や記録を読んでいると、「好奇心、素直、猛烈な学習意欲、そして執念」の人という印象を受ける。

かつて漢字で名前が書けなかったとしても、好奇心は図抜けていたに違いない。そして開けっぴろげで、新しいことはまず何でも素直に受け入れ、トコトン自分の肥やしにしてしまう、猛勉と改善努力。そしてトライを始めると達成するまで諦めない執念。これらが似鳥を経営のプロフェッショナルにまで高めた秘訣ではなかろうか。

そして孫正義との格差感と違い、学生から見て身近に感じさせてくれる人だけに、ビジネススクールの教師にとっては格好の教材になる経営者なのだ。

二九期増収増益を快走中

ニトリホールディングス（以下ニトリ）が成功企業であることは、誰もが認めるところだろう。〈図表４－１〉はニトリの売上高と経常利益の推移だが、二〇一六年二月期まで二九期連続増収増益を達成した。翌期も続く予想である。

上場小売業の売上高ランキングでニトリは第二五位だが、当期純利益ランキングでは小売業第四位と、収益性で図抜けている（二〇一六年三月）。時価総額は一・二兆円で（二〇一六年五月現在）、順位はセブン＆アイＨＧ（時価総額四・二兆円）、ファーストリテイリング（同三・一兆円）、イオン（同一・五兆円）に次ぐ第四位につけている。そのすぐ後ろ五位にはローソン（同〇・九兆円）がいる。

〈図表４－２〉の二〇一六年二月期のＢＳとＰＬを見ても、ニトリの特徴と財務体質の良

図表 4-1

ニトリの売上高と経常利益推移

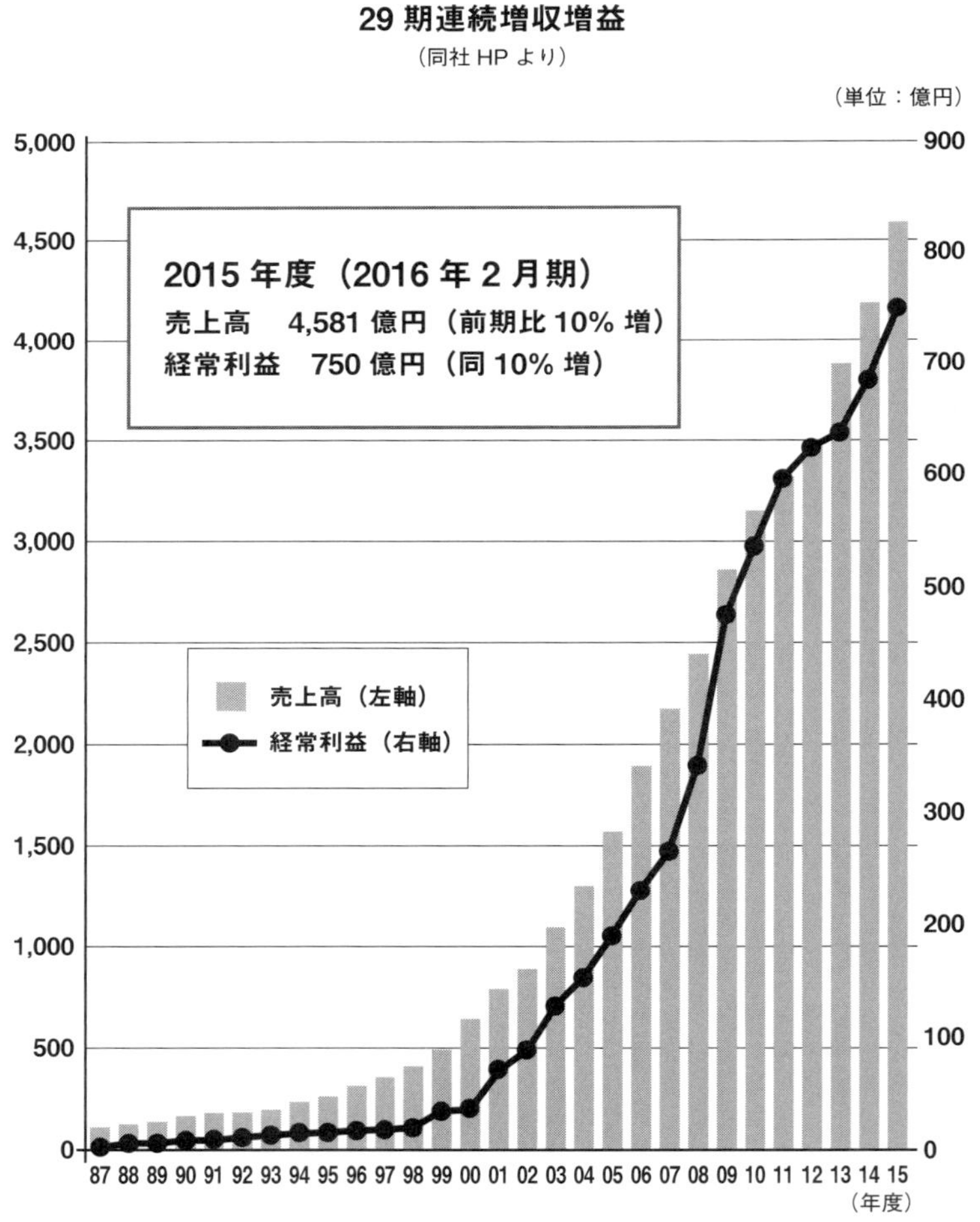

さが表れている。

ニトリの利益率の高さは特筆もので、営業利益率は一六％に達する。他のＳＰＡ業態と比較しても、靴のＡＢＣマート（一七％）には譲るとして、ファーストリテイリング（一〇％）やメガネのＪＩＮＳブランドを展開するジェイアイエヌ（九％）と比べても、利益率は高い。高い営業利益率は売上原価率の低さ（四七％）に支えられている。

ニトリのバリューチェーンは川上から川下まで長い。世界から安価な原材料を買い求め、自ら工場をもって製造し、大型の物流センターでデリバリーし、店舗で直接販売している。アジアの工場に作らせ、商品を購入するだけの他のＳＰＡとは異なり、多くの機能をカバーする垂直統合モデルで、安さを実現しているのだ。

だからＢＳで有形固定資産が最も巨額の資産になっている。中身はほとんど店舗や物流センター、工場などであり、本部には最小限しか投資していない。敷金保証金を合わせると、総資産の六割強が設備関連投資になっている。

ユニクロを上回る効率の良さ

設備関連投資の大きさはファーストリテイリング（以下ユニクロ）の財務諸表〈図表４－３〉と比較すると一目瞭然である。

ユニクロのＢＳを見ると、有形固定資産が小さいのがわかる。工場などは持たず、総資

図表 4-2

ニトリの比例縮尺財務諸表

（2016 年 2 月期　PL は営業利益まで表示。単位：億円）

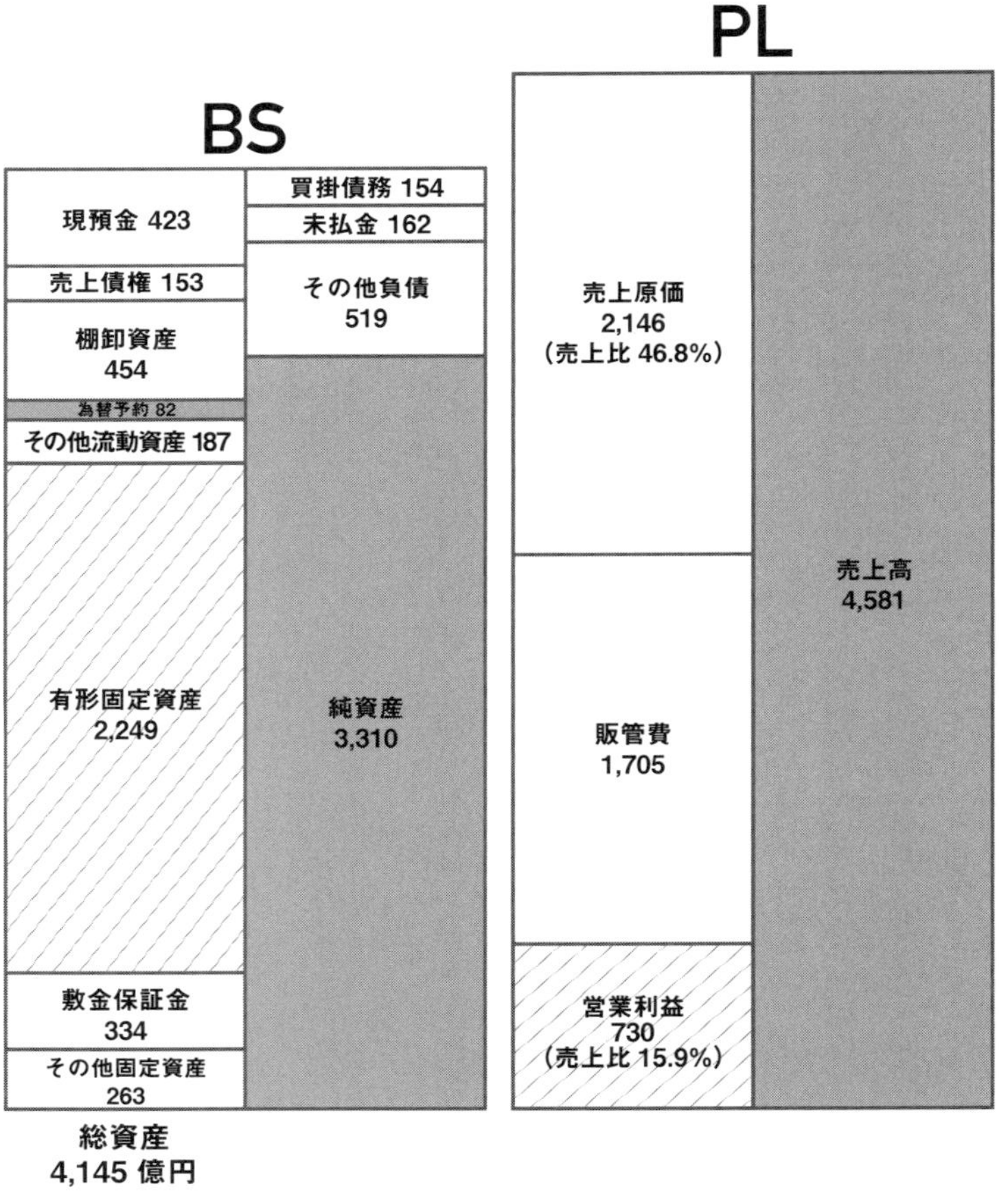

産に占める有形固定資産の割合が一割程度しかないユニクロとは、ニトリは大きく異なる。またユニクロの売上に対する売上原価率は四九・五％で、ニトリは二・七ポイント下回っている。棚卸資産回転期間（棚卸資産残高を月当たり売上原価で割った、在庫の持ち高を月数で表したもの）は、ユニクロ三・七か月に対して、ニトリは二・五か月と効率がいい。ただしユニクロの場合、「国内ユニクロ事業」だけをとらえると、営業利益率は一五・〇％であり、「海外ユニクロ事業」（同七・二％）や「グローバルブランド事業」（同四・九％）が足を引っ張っている面は否めない。ニトリの海外進出はまだ売上も小さく赤字であり、その点でユニクロは一歩先を行っている。

とはいえユニクロは、東レという伝統的かつ先端の繊維メーカーをはじめとして、アジアに広がる繊維産業のインフラをバリューチェーンの取引先として利用することができる。したがって持たざる経営が可能である。

これに対してニトリの場合、アジアの家具産業のインフラは脆弱かつ合理化されていない。したがって自前で製造や物流のインフラを構築し、合理化にトライするしかなかった。しかし重い資産を抱えながら、ユニクロを上回る効率を実現しているのは賞賛に値する。

ニトリのＢＳは全体としてＰＬよりやや小さく、効率性の高さがわかる。ＲＯＡ（ここでは営業利益÷総資産）[1]も一七％超と極めて高い。

流動資産は最小限に抑えられている。現預金も売上換算で約一・一か月であり、資金効

1 ROAは総資産（総投資額）に対するリターン率を表すので、分子の利益は通常「当期純利益」（最終の利益）が使われる。ここでは簡便な企業比較として、営業利益を使っていることに注意。

図表 4-3

ファーストリテイリング（ユニクロ）の比例縮尺財務諸表

（2015 年 8 月期　PL は営業利益まで表示。単位：億円）

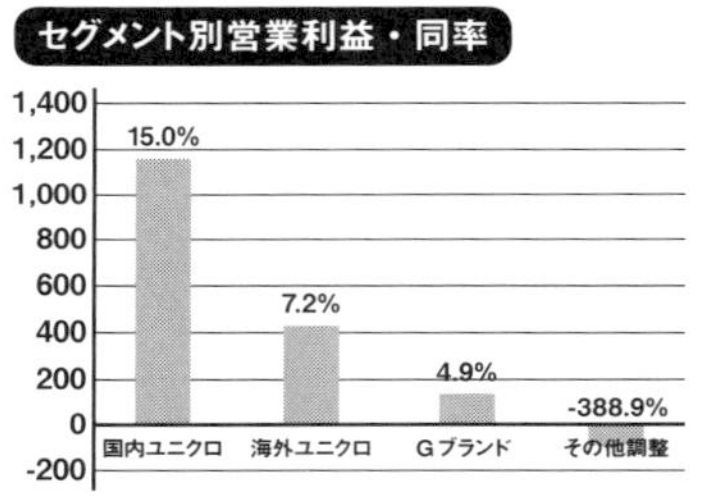

（注）％は営業利益率「その他調整」は部門間取引や共通費など。

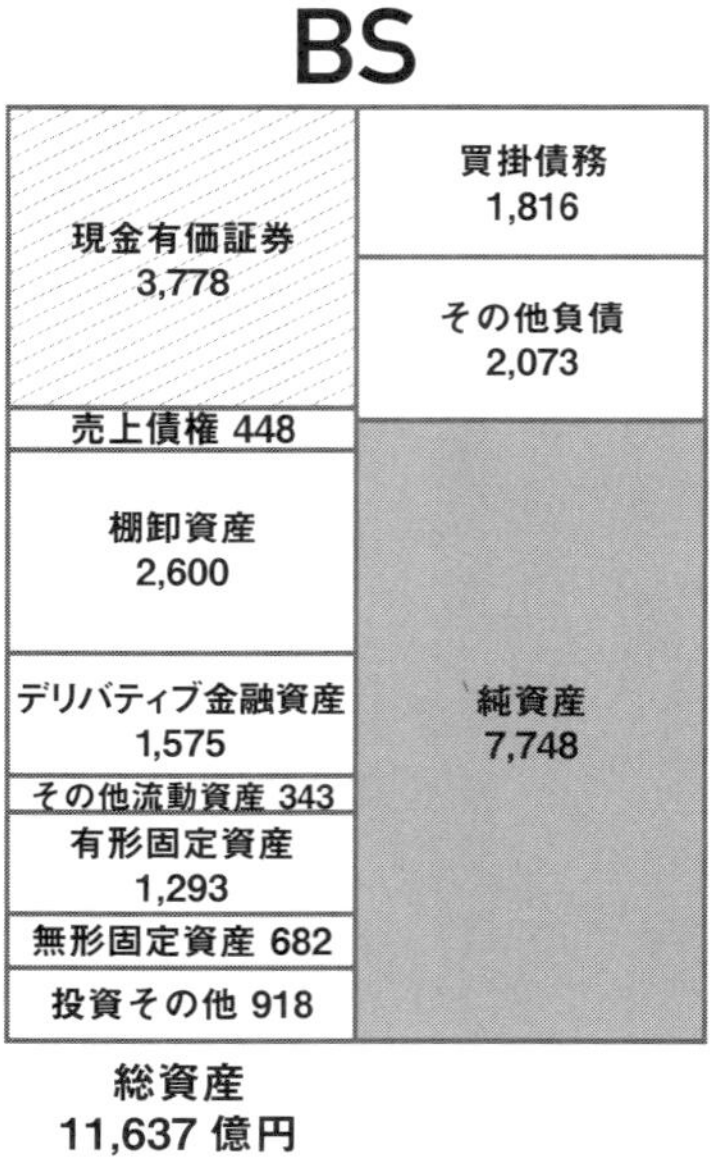

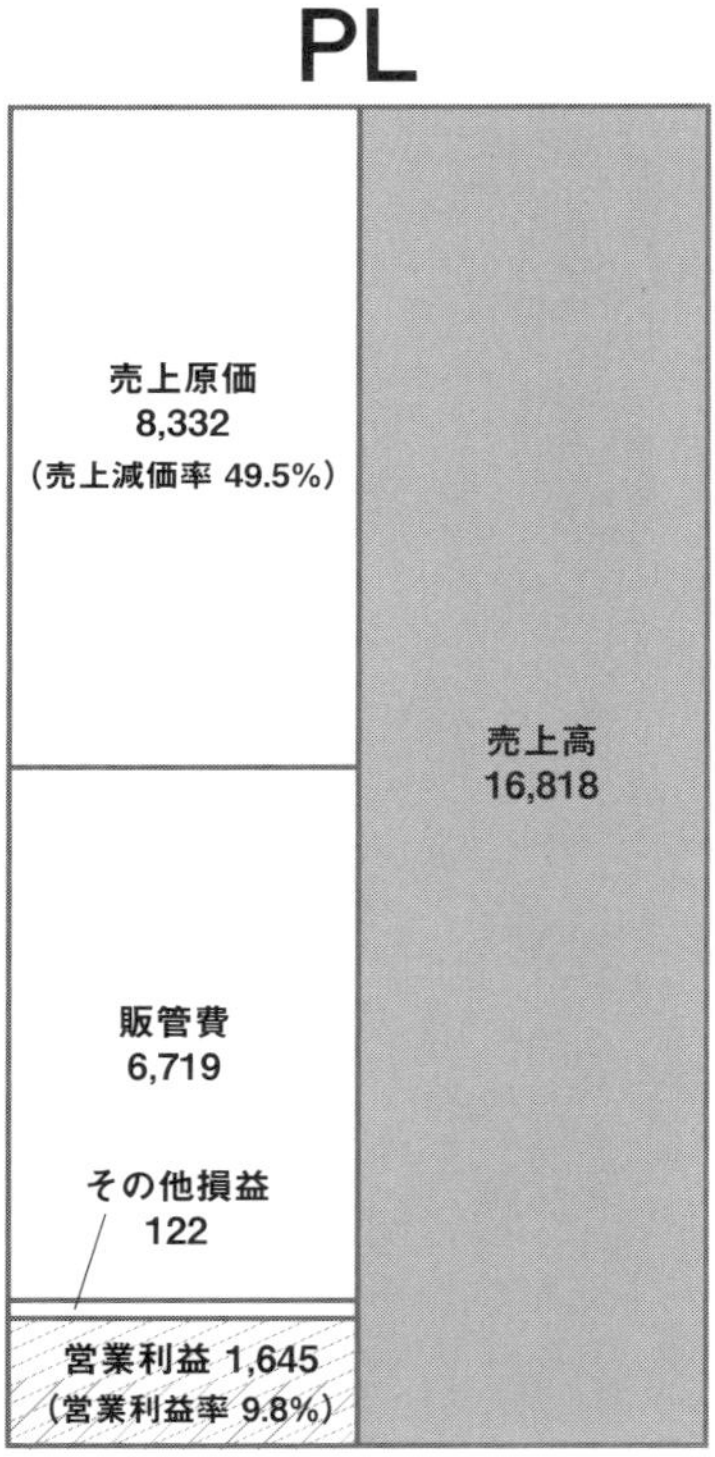

率も申し分ないレベルである。為替予約が八二億円あるが、これは早めに為替リスクへの手を打っている証である。ニトリは海外で生産し、日本に輸入しているために円が対ドルで一円安くなると約一一億円の営業利益減少になるという。したがって為替ヘッジが欠かせないのである。

ニトリは一九七二年に一〇〇店・売上高一〇〇〇億円という三〇年計画を作り、二〇〇三年に一年遅れで達成した。三〇〇店になった二〇一三年には新中長期計画を発表し、二〇年後の二〇三三年に三〇〇〇店、売上高三兆円という計画に向けて進みつつある。それはホームファニシングのチェーンとしては世界一の企業になることを意味する。

したがって成長計画の一つの軸は、当然グローバル展開だ。海外店は二〇一七年二月期末までに台湾二九店、中国一二店、米国七店とする計画でまだこれからだが（国内は四二七店へ）、今後急速に出店攻勢をかけていく目論見である。

優秀な人材を使う力

似鳥は「私の履歴書」の中でこう述べている。

「今も飲み過ぎるし、遊び好き。だらしない性格も変わっていない。逆に何もできないから、色々な人の力を借りながら成功できたと思う」

経営者は人の力を引きだすのが仕事である。だから「色々な人の力を借りながら成功した」という話は、ごく当たり前のことだ。しかし似鳥がすごいのは、それが半端でないことだろう。自分ができないことをカバーするために他人の力を借りようとする姿勢が、強烈なほどアクティブなのだ。

この背景には高校生の頃、父親から言われた次の言葉が心に残っているからだという。

「おまえはのろまで、だらしない。成功するには人の二倍努力をするか、人のやらないことをやるしかない。頭が悪いのだから、国立大学や有名私立大学を卒業した優秀な人材を使えばいいいんだ」

これは至言であろう。経営とは役割のことであって、経営者とは「人を上手に使う能力」に優れた人であり、「経営を担当する従業員」に過ぎない。リーダーたる経営者がすべてにおいて優秀で、フォロワー（社員）が劣っているという優劣の関係ではもとよりない。一般には誤解が多いが、フォロワーがさまざまな専門的能力でリーダーより勝《まさ》るのは、ごく普通のことだ。

だからリーダーは優秀な人材を使いこなせばいいのだ。それが経営である。

しかし自分に自信のあるリーダーは、自分より能力の高い人材に嫉妬する。いきおい排除してしまったりする。その点、似鳥は「自分は頭が悪い」と言うだけあって（筆者にはそうは見えないが）、謙虚極まりない。だからデキル人たちを使えるのである。

「はじめに」で「経営者に理念は欠かせない」という話をした。経営者は経営理念を決め、ビジョンや戦略を組織構成員に示す役割をもつ。似鳥はしかし、「少なくとも三〇代半ばまではビジョンとは一切無縁の男だった」と認めている。

似鳥が札幌で二件目の繁盛店を出した後、何となく目標を見失っていた頃がある。仕事に身が入らず、毎晩仲間と飲み明かす日々を送っていた。そんな折、似鳥の店のすぐそばに面積で五倍大きい競合店がオープンする。すると似鳥の店は客足がパッタリ止まり、売上は半減し、挙句の果てに問屋や銀行から取引をストップされる。似鳥は自殺を考えるようになり、首を吊る木を探したり、青酸カリを探そうとしたり…、完全に鬱状態に陥る。

こんなある日、知人からアメリカ視察ツアーに誘われる。それはカリフォルニアのロサンゼルスとサンフランシスコにある家具店を巡るツアーだった。わらにもすがる気持ちで参加した二八歳のニトリはショックを受ける。当時の日本人の年収は米国人の三分の一。それなのに日本と比べて三分の一ほどの価格で、品質の良い家具が家具店の店頭に整然と並んでいた。

しかも日本の家具店には「箱もの」と呼ばれる洋服ダンスや整理ダンスが多かったのだが、アメリカの店では少なかった。収納は米国ではクローゼットとして備え付けてあるので、モデルルームにはソファァやダイニングテーブルといった「足もの」が広々と並べられていた。見るからにアメリカの豊かさが売り場に溢れていた。

似鳥は日本の中流家庭の暮らしぶりがいかに貧しいかを実感し、考え込む。そしていきなり鬱が吹っ飛び、こう決心するのである。

「よし、おれも店舗を増やし、日本人にアメリカ並みの豊かな暮らしを提供しよう」

似鳥が面白いのは、興奮して帰国した直後にすぐ行動を起こしたことである。「アメリカ並みの〝くらし〟を日本全国に」をスローガンに決め、店を会社組織にし、売上高一〇〇億円を目指す計画を立てる。この時、似鳥は倒産しかかって鬱に陥っていたことなどすっかり忘れていた。この計画のことを周囲に話すと、取引先からは笑われた。

「夢だけは大きいね」

この計画は数年後にもっと壮大なものに膨らむ。店舗数一〇〇店、売上高一〇〇〇億円を目指すという「三〇年計画」を打ち出したのだ。そして結果として、この計画は一年遅れで二〇〇三年に達成されるのである。

似鳥は数々の失敗を重ねながらも、走り始める。店舗を拡大していくには人をたくさん集めなければならない。しかし北海道の弱小チェーンのこと、学生をリクルートするのは大変だった。そんな時、第二次オイルショックが起こり、いわゆる就職氷河期がやって来る。これをチャンスと考えた似鳥は、大量に新卒を採用する。社員数わずか六〇人の所帯に、何と新たに三六人を採用した。歓迎会で採用者を壇上に上げたところ、フロアがスカスカになったという笑い話が残っているほどである。

この三六人の中に二〇一六年二月に似鳥の後継者としてニトリＨＧ社長（ＣＯＯ）に就

任した白井俊之がいた。

白井は、東京で行われた合同会社説明会の面接会場ですぐ内定を告げられ、そのまま似鳥に銀座のおでん屋に連れていかれた。そして似鳥の「日本人を豊かにする」理想を熱く聞かされた。白井にとってニトリは初めて飛び込んだ会社だったが、そこで就職活動を止めてしまう。しかしこの白井ら一気に膨らんだ新入社員たちが、後にニトリの未来を決める役割を果たすことになる。

この頃、似鳥は流通コンサルタント渥美俊一のペガサスクラブに入って、チェーンストア理論を勉強し始める。渥美は流通革命の理論的指導者として、一時代を築き上げた人である。似鳥は渥美から学んだ理論を会社に持ち帰り、新入社員も巻き込んで流通業を徹底して勉強した。会社が小さかったこともあり、似鳥が現場へ出向いては社員と飲みながら、会社の将来について議論を交わした。こうするうち、どんどん社員が会社の革新に本気になり始める。そして社員の間から、「理論とウチの会社のやっていることはズレているのではないか」という声が出始める。今度は似鳥が彼らの熱意に圧倒されることになった。

一九八〇年代後半、ニトリの店舗は北海道全域に広がった。「いよいよ本州進出」という気持ちはあったものの、本州での競争の厳しさを考えると、自信がなく躊躇していた。

そんなある日、似鳥は社員の前で「北海道のためにがんばりましょう」とあいさつした。すると白井ら若手社員が反発した。

「日本に米国並みの豊かな生活をもたらすのがニトリの目的だったのではないですか。このまま北海道にとどまっているつもりですか。全国展開しないのなら私たちは辞めます」

似鳥は驚き、反省させられる。社長の意思を超えて、若手社員の間に自立性が芽生え、勝手に育っていた。当時ニトリの年間売上高は一〇〇億円にも満たず、利益率も五％程度で、経営の体力が乏しかった。しかしそんなことを言っていられなくなった。社員に背中を押される形で、似鳥は本州進出を決める。理想を語っていたはずの創業社長が、その理想に触発された若手社員から諌められるという、これと似たエピソードを思い出す。低公害エンジンにまつわる本田宗一郎と若手社員の話である。

一九七〇年、アメリカでマスキー法が成立し自動車エンジンの排ガス規制が厳しく定められた時、それをクリアできたのはホンダのＣＶＣＣエンジンだけだった。日本でも光化学スモッグが発生し、大気汚染が問題となっていた頃である。宗一郎は「千載一遇のチャンス。これでビッグスリーと並ぶ会社になれる」と喜んだが、若手技術者たちはこれに反発した。

「排ガス問題は人類全ての問題であり、一企業が利益を生むためのものじゃない。自分たちは会社のためにやっているのではなく、社会のためにやっているのだ」

宗一郎はもともと〝会社のために働くな〟と日頃から言っていた人である。

「いつのまにか私の発想は企業本位にたったものになってしまっている。若いということはなんと素晴らしいことか。皆がどんどん育ってきている」

理念は人を熱くして自立させ、リーダーが犯す迷いやブレをも超える力をもっているのだ。

「脇の甘さ」と「朝令朝改」が真骨頂

似鳥は渥美や若手社員に限らず、人の言うことが良いと思えば、まず受け入れる。良いことは、その人にやらせる、あるいはドンドンやってもらう。だから逆に言えば、無防備で脇が甘くなり人からつけ込まれることもある。

一九八〇年代後半、「スカウトしないで急成長した会社はない」と聞き及んで、外部から即戦力を集めるようになる。ある時、大手量販店の出身者を引き抜き、いきなり常務に据えた。彼は古巣から人材をどんどんスカウトし、その結果ニトリ取締役八人のうち、その量販店出身者が過半数を占めるようになった。彼らは次第に社内で発言権を増し、似鳥とは違う高価格政策を打ち出し始める。似鳥にも「余計な口を出さないように」「方針がぶれると困るから店にも行かないように」と言い、似鳥は彼らから権限を奪われる事態に陥る。そしてまたもや鬱状態になるのである。

似鳥は同じような目に何度か遭っている。船をチャーターする仲介業者とニトリの社員が結託した横領事件に遭遇したこともある。

しかし似鳥らしいのは、転んでもタダでは起きない点である。横領事件の後では、外注サービスや購入品調達などをすべてコンペ方式に切り替え、経費削減につなげている。そして外部への任せすぎは癒着の原因となり、経営の改革の妨げになることに気づき、主要な機能は自前でこなす体制に切り替えた。必要なら外部から専門家も迎えた。そして逆に誰でもできる簡単な仕事は外注することにした。

仕事の軽重によって、外注・内製をきちんと切り分けることを、その後のニトリのポリシーにしたのである。

「今では通関士一三人、一級建築士一三人、公認会計士五人を社員として抱えている。……仕事のプロを多くそろえる『多数精鋭主義』こそ、成長の源泉だ」

人の言うことをまず何でも受け入れるという、脇が甘いほどの人材採用策は一面リスキーだ。しかし成果を生むことも多い。なかでもホンダの杉山清との出会いは、ニトリが成長基盤を固める大きなきっかけとなった。

似鳥は二〇〇一年、中国・広州から成田へ向かう機中で、隣席の乗客と骨董品の話で盛り上がる。その隣席の主がホンダの中国現地法人「東風ホンダ」総経理（社長）の杉山清だった。杉山は中国で四輪工場を立ち上げた「広州プロジェクト」の立役者だった。

杉山と懇意になった似鳥は、何度か東風ホンダを訪問する。そして社員も引き連れ工場を見学するうちに、杉山を「何としても招きたい」と思うようになる。杉山はホンダの定年を迎え、六二歳まで勤務する契約になっていたが、その後の進路は引く手あまたの状態だった。

しかし似鳥の熱意にほだされて、杉山はニトリに行く決心をする。二〇〇四年にニトリの顧問となり、二〇〇五年にはニトリ専務に就任した。似鳥は杉山に製造部門での指導をしてもらい、製品の品質を上げクレームを少なくしてほしいと懇願したのだ。

「杉山さんの手腕は本物だった」

似鳥は後にこう漏らしている。

家具の小売りはもともとクレームの多い業種といわれている。家具はおよそ一〇％程度の水分を含んでいて、乾燥すれば歪みが生じる。だからクレーム率三～四％は普通といわれていて、ニトリのクレーム率も三・五％だった。それが杉山の品質管理指導の結果、〇・五％まで劇的に下がった。

杉山の指導はニトリの家具生産の抜本的な改変をもたらすものだった。例えば杉山がニトリの取引先のアジアの生産現場を見て回って、最も後れを感じたのは現地下請け工場の経営者の姿勢だった。

経営者の多くは、従業員を人とも思わず道具のように扱っている。自分はベンツに乗り、高級時計をしていても、従業員に対しては食堂すらなく、食事は立ち食い状態だった。モノづくりは、その前に製品を作る人を作っていかなければならないと考えてきた杉山は、彼らの意識改革から手を付けたのである。

従来ニトリは取引先が生産した製品を検査していたが、検査だけでは品質向上につながらない。川上の取引先に遡ってバリューチェーン全体の品質管理まで担保できなければ、一〇〇%の良品はできない。したがって取引先の経営に対する考え方から、品質管理の基本、製造マニュアルに至るまで自ら制作し、彼らを指導していった。

このことがニトリを単なる小売業から、製造物流小売業たるSPA業態へと転換させるきっかけとなった。

杉山はニトリの品質政策もリードした。ニトリは二〇〇七年に仕入商品の中国製の土鍋から鉛が溶出する事件に直面したことがある。ニトリはすぐに商品約九〇〇〇個を回収したが、杉山はその後ホンダOBも新たに招いて、品質解析のレベルを一気に上げていく。今ではニトリには、お客様相談室を含めて安全・安心に関係する社員が国内で三〇〇人いる。そのおかげか、過去四年の間、大規模リコールは発生していない。

似鳥は言う。

「杉山さんらの取り組みによって、ニトリが『お、ねだん以上。ニトリ』の品質レベルを実現することができた」

その杉山から見ると、似鳥の経営姿勢は「朝令朝改」経営だと言う。「本田宗一郎と通じるものを感じる」とも。

「常に現状を否定して良くしていこうとする姿は本田宗一郎のよう。自分の決断でも悪いと思えばすぐに変更する柔軟さがニトリの強さの秘訣」

叱られっぱなしの師匠・渥美俊一

似鳥は、出会った人からいいものをどん欲に吸収するという意味で、天才的と言えるかもしれない。似鳥が学んだ人は、杉山のような外部から招いた人材や、白井のような生え抜き人材ばかりではない。本人によれば、似鳥の今日に至る人生は、渥美俊一なくして考えられない。

渥美は読売新聞記者を経て経営コンサルタントになった人物である。チェーンストア経営の研究団体「ペガサスクラブ」を運営し、ダイエー創業者の中内㓛やイトーヨーカ堂創業者の伊藤雅俊、ジャスコ創業者の岡田卓也らに大きな影響を与えた。製造業などに比べて遅れていた流通業界で、「流通革命を起こし、日本に経済民主主義を植え付ける」というのが渥美の理念だった。

似鳥の渥美との出会いは、取引先の書棚でたまたま見つけた著書がきっかけである。手に取った本には、似鳥がそれまで悩んできたことの答が明快に、しかも理路整然と書かれていた。似鳥は渥美の著書をすべて買い、むさぼるように何度も繰り返し読んだ。目から鱗が落ちる思いだった。

渥美は二〇一〇年に亡くなったが、晩年まで凄みを感じさせる迫力の人だった。講演中に私語を交わす参加者にはチョークを投げつけ、「出ていけ！」「もう来なくていい！」と怒鳴り付けた。

似鳥も渥美から指導を受けるようになって以降、罵声を浴びせられ続けた。

「君は経営者としては最低だ。時間の無駄だ」

こうした罵詈雑言に、似鳥も嫌気がさして、一時は渥美から離れたことがある。その後雇ったコンサルタントは誰もがやさしく、似鳥をチヤホヤしてくれた。しかしそれに物足りなさを感じた似鳥は、やがて渥美のもとに舞い戻る。

「怒鳴られてもいいから、正面からぶつかっていこう」

成功を収めると、人間は傲慢になりやすい。特に経営者は経営が軌道に乗ると、有頂天になって人の意見に耳を貸さなくなり、裸の王様になりやすい。似鳥は、そうならないためにも、自分をガツンと叱ってくれる師匠やご意見番が必要と考えている。ここが謙虚に学び続ける似鳥たるゆえんだろう。

似鳥は次のような渥美の言葉を、自らの信条にしている。

「成功体験など現状を永久に否定して再構築せよ。守ろうと思ったら、衰退が始まる」

「上座に座るような宴席には行くな。常に下座で自らついで回り、先人から学べ」

「乗り物は他社より先に運転できるようにしろ。歩きから自転車、バイク、自動車、飛行機、ロケット。同じ事をやったら先行者には勝てない」

二〇一四年に似鳥はニトリ（ニトリＨＧ傘下の国内中核会社）の新社長に白井を指名した際、その理由を「白井は前社長のやったことを否定し、成長をけん引してくれる人材だから」と言った。そして選ばれた白井も「ニトリのＤＮＡは前例を否定すること。判断に迷ったら変化するのを選ぶのがニトリ。変えることを第一にしたい」と抱負を述べた。似鳥の信条は、ニトリに根付いているようだ。

そしてこれらの考え方は、渥美が発信したメッセージの賜物である。似鳥は「自分が我流で展開していたら、ここまでニトリを発展させることはできなかっただろう」と感じている。

また渥美も晩年、似鳥のことをこう評価したことがある。

「似鳥さんは、その風貌や雰囲気とはまるで違う。自分自身に対してものすごく厳しい目を持っている」

渥美が若い頃の似鳥に浴びせた罵声である「君は最低だ」と、晩年の「風貌とは違う人」という評価との落差、これは似鳥の小学校時代の担任教師が感じた印象と似た感覚かもしれない。そしてこの落差＝伸びしろこそ、似鳥の度量の大きさを表している。

企業を取り巻く経営環境は常に変化していく。環境が変われば企業は環境とミスマッチを起こし、取り残されてしまう。一時は成功を収めた経営スタイルも、環境が変われば陳腐化する。だから経営者は必死に環境変化を見つめ、学習し続けながら改革していく必要がある。

似鳥は他人の意見やアドバイスに胸を大きく開き、まず受け入れ、そして自分のものにする。その意味で、似鳥はオープン・イノベーションに熱心な、学習し続ける経営のプロなのだ。

人たらしの教育者

教育の世界には、「Teaching is Learning.」という有名な言葉がある。また「教えるは学ぶの半ばなり」ともいう。

「教える」側と「学ぶ」側は、実は上下の関係ではない。筆者の肩書は「教授」だが、筆者は学生に「教え授けている」わけではない。学生の意見の新鮮さに驚くことは多いし、実は若い彼らから一番学んでいるのは教える側である。まして情報技術が時代を革新している今日、ＩＴ巧者の若者から教えてもらうことはすこぶる多い。

社員教育も同じである。教育とは、共に学び教え合う平等な関係なのだ。社員教育を「教え込む」とか、一方的に「知識や精神を注入する」ことと考えている経営者がいれば、それは間違いなく傲慢な誤解である。

似鳥は謙虚に学習し続ける人である。それとともに、教育に熱心な人でもある。

現実にニトリは毎年、たくさんの社員を米国の流通視察研修に送りだしている。最近では、その数は年に九〇〇人に及ぶ。対象も正社員ばかりでなく、パート社員一〇〇人を含む。社員のレベルアップには、良いものを見せる機会が欠かせないのだ。

またニトリには社内の教育制度がきめ細かく作られている。毎年、幹部や新入社員などをペガサスクラブに派遣し、研修を受けさせている。その中にはもちろん中途採用者も含まれる。毎年一〇〇人前後採用される中途入社組は全員、まずペガサス中堅育成セミナーに参加する。

会社の試算によれば、社員一人平均の年間研修費は約二六万円に及び、これは上場企業の平均の約四～五倍になるという。

もちろんお金をかければいいというものではない。しかし筆者の経験から言わせてもらうと、「人材こそ宝だ」と言いながら、社員教育にお金をかけない経営者は多い。あるいは研修制度はあるものの、人事部が「制度の建前上、しぶしぶやっている」に過ぎない場合が多い。教育内容に踏み込んで関心を寄せるような経営者はさらに少ない。

しかし本をむさぼり読み、ペガサスクラブで座学に励んだ似鳥は、座学の価値がわかっている。

教育とは、共に学び教え合う平等な関係と言ったが、教育の場では対等という空気が重要である。お互いに自由に議論し、学び合うという関係にならなければろくな教育にはならない。せいぜい一方通行の講義にしかならず、それなら本を読めばいいのだ。

ニトリでは全員を「さん」付けで呼ぶ。専務とか、課長とか、肩書では呼ばない。一九八三年にスタートしたルールだそうだが、ここにも似鳥の考え方が表れている。

「仕事上の立場の違いというのは、責任の重さの違いであって、人間の価値の違いではない。仕事が終わったら、みんな平等だ」

「課長！　部長！」と肩書で呼ぶ会社では、上下関係のヒエラルキーが明確に見える。上司に対して敬語の使い方に慎重になり、常に一定の遠慮が必要である。したがってフラットな議論は生まれにくい。しかし「さん」付けのカルチャーの会社では上下関係は曖昧になり、タテ関係の意識が薄れる。だから意見交換がスムーズに行われるようになる。教育者の巨星・福澤諭吉が「天は人の上に人を造らず…」と言ったのは、伊達ではないのだ。

ニトリの人材教育システムはもちろんＯＦＦＪＴだけではない。ＯＪＴを非常に重視している。その中核となるのが、ニトリで「配転教育」と呼ぶ人事異動である。

ニトリは「経験主義」を掲げ、経験を積むことを重視している。ニトリは「製造小売物流企業」なので、社内には開発から製造、物流、そして販売に至るまで垂直統合的にすべての機能を備えている。そのためどんな分野の仕事も経験可能である。「営業しか知らない」、「製造しか知らない」では、顧客の視点から商品・サービスを考えたり、全体的な視野で物事を考えたりすることができない。こう考える似鳥が人材を配転して、いろいろな仕事を経験させる制度を作ったのである。

現場の人材は二年に一度は異動する。また本社スタッフなども現場感覚を失うことのないよう、五年に一度は現場に異動するようになっている。

一般に人事異動は、さまざまな効用があるといわれている。まずケミカリゼーション（化学変化）がある。どんな人でも長い間同じ仕事をしていると、慣れが出てマンネリになる。こんな時、仕事を他人と交換すると、未経験者の素人発想が持ち込まれ、前任者には思いもよらない新しい考えが浮かび、道が開けたりする。特に今日のような変化の激しい時代には、手慣れたプロがいつも適任とは限らない。人事異動には「プロの慣れをキャンセル」する効果もある。

また、たくさんの人に触れると、「世の中には何といろいろな人材がいるものか」と改めて気づく。自分にはない能力の持ち主を発見したりする。これが「適性の発見」につながる。他人の適性だけでなく、自分の適性を発見する機会にもなる。

さらに人事異動で人々がいろいろな仕事を経験すると、スペシャリストからジェネラリストになる。多様な事業を経験すると、経営を全体視できるので経営センスが磨かれる。経営ができると、その人に高い市場価値もつく。業界の「人材供給源」といわれる会社には、人事異動が頻繁に行われる会社の出身者が多い。多様な業務を経験したキャリアが、外でも高く評価されるのである。

「同じ釜の飯を食う」というが、同じ部署で机を並べて仕事した経験は、強いつながりを生む。人のネットワークは知恵を高めるだけでなく、感情や達成感の共有にもつながり、部門間連携が深まるのだ。

ニトリの配転教育は、似鳥の経験値から生み出されたものだろうが、人材育成や組織マネジメントのうえからも、理に適っている。

似鳥の教育熱心さは、自分の会社の社員でない人に対しても向けられているようだ。サマンサタバサジャパンリミテッド社長の寺田和正は、似鳥と年に一～二回顔を合わせる程度の関係だったが、知人の結婚式で隣り合わせになる。そして似鳥と仕事の話になり、似鳥から「今のままでは駄目」「泥船の船長だ」「社員がかわいそう」と厳しい言葉を浴びせられる。寺田にとって、リーマンショック後の会社の業績が低迷した時期のことで、その日は眠れないほどショックだったという。

似鳥から「会社に来い」と言われて寺田がニトリを訪ねると、似鳥はズバズバ問題を指摘するうえに、さまざまな資料を手に何時間もかけてニトリの強さの秘密を教えたという。これを機に寺田は何度も訪問して、似鳥から改善のヒントを助言してもらうようになる。しばらく顔を見せないと「何で来ないいんだ」と声がかかる。寺田は次のように言う。

「（似鳥さんとの）お付き合いの中で二つのことを心に決めた。『来い』と言われれば、どんな席にでも行く。恩返しするために成長し続ける」

似鳥は「教えるは学ぶの半ばなり」を実践している。

ハラハラドキドキ、サスペンス

二〇一三年にニトリは社内の大方針を変更する。それまで「一に安さ、二に安さ、三に安さ、四に適正な品質、五にコーディネーション」であったが、「(一) 安さ、(二) 適正な品質、(三) コーディネーション」と安さ一辺倒を改めた。安さばかりではなく、価格帯を拡げた商品展開を消費者に訴求する戦略に転換した。

これには二つの狙いがある。一つは国内市場のテコ入れである。ニトリが低価格品に集中しすぎていたと、似鳥は近年反省している。

「リーマンショック直前の二〇〇八年春頃から日本全体の給与下落を見越して値下げを繰り返してきたが、実際は所得水準が二極化し、格差が広がっていた。気づけば当社の店舗には安い商品ばかりが並び、高所得層の需要に合ったものがなくなってしまっていた。……世間の八割の人たちに支持される商品を届けることがニトリの原点。それなのに行きすぎた低価格化で、五～六割の消費者を置き去りにしていた」

価格の高い商品ラインを拡げていくために、現在のニトリは二つの方向性を目指している。一つは高機能性である。

帝人と組んで、高機能素材を使った寝具やインテリア商品の開発にチャレンジしている。

例えばユニクロのヒートテックと同様の発熱素材を使ったパジャマや温度調整掛けふとん。燃えにくい毛布やホコリが出にくい布団、屋外から室内が見えにくいレースカーテン。中の布団がズレない布団カバーや、従来より軽い人工皮革のランドセル等々、いくつかヒット商品を生みつつある。

もちろん「お、ねだん以上」であるために、品質管理とコスト削減にも一層力を入れている。ほとんどすべて自前主義を貫いているだけに、ホンダなどから技術者を採用して技術の強化を図っている。例えばソファであれば内部のバネも自社で作り、座り心地をより良いものに改善するために、細かい仕様変更を繰り返している。

もう一つの方向性が、トータルコーディネートである。

二〇一五年四月に、ニトリは百貨店「プランタン銀座」(東京・中央区)に出店した。プランタン銀座の客層は若い女性客が中心だが、そこにターゲットを絞りデザインにこだわった中価格帯の商品をそろえている。またリビングルームやベッドルームなどの複数の商品を組み合わせた展示提案も強化している。

それは似鳥が初めて米国で見た、「コーディネートされた豪華で美しい豊かな空間」の実現に他ならない。そこにやっと近づこうとしている。

米国には、二〇一三年一一月ロサンゼルスに店を出した(二〇一六年五月末現在、米国は五店に増えた)。初出店を果たした時、似鳥はこう述べている。

「日本の小売りはアジアへの進出が多いが、世界で一番競争が激しいのは米国だ。米国へ出るのが世界展開への最短距離とみる。インテリア用品は素材、デザイン、柄とも米国が進んでいる。そこで一番になることが、かつて米国で学んだことへの恩返しにもなる」

また似鳥は記者から「米国での勝算は？」と聞かれて、こう答えた。

「自信は全然ない。石の上にも三年で、三年間の赤字は当然。四年で黒字化をめざす。ただ遅くても五年だ。五年後に赤字でも一〇年で黒字化が見込めれば執念でやる。成功しないのは途中で諦めるからだ。私は執念深い人間だ。…ハラハラドキドキ、スリルとサスペンスだ」

ニトリの海外出店は台湾が最初である。その台湾には二〇一六年二月現在二四店舗を出店しているが、当初はベッドのサイズやテーブルの高さなどが現地の生活事情に合わず、赤字続きだったという。初出店から八割の商品を入れ変えることで、六年目の二〇一二年にようやく黒字転換を果たしている。

ニトリは世界第二位の経済大国となった中国にも、既に八店舗出した。

「世界首位に向けた主戦場は中国と米国だ。当社は日本のホームファニシングの市場規模を三兆円と試算しており、二〇三二年には四兆円になると見ている。これに対して中国は足元の四兆円が一六兆円、米国は一〇兆円が一六兆円になると予想している。米国と中国の市場を制する企業が世界市場を制することになりそうだ。…私は海外事業などスリルとサ

スペンスに満ちた分野に挑戦し続けたい」（二〇一五年六月）

似鳥は「スリルとサスペンス」という言葉が好きだ。スリラー映画の開演前のゾクゾクするような未知の世界への予感。波乱万丈の展開が待つワクワクする未来のストーリー。スリラーの面白さを知る似鳥にとって、オープニングを待ちわびる子供のように、いつも波乱の未来を思い描いて楽しんでいるようだ。

ニトリには「ニトリのプロ一五〇訓」という社内訓がある。その中にこんな言葉がある。

「プロとは常に現状における自己否定を繰り返し、自己革新を続ける人。三か月たって何の変化もなければ、既にプロではない」

「プロはどんなに難しい仕事でも、つらいと思ってやっていない。難しければ難しいほど、楽しんでやっている…」

似鳥は写真を取られる時、必ず「ニトリの『ニー』」といって笑顔を作る。ニコニコして仕事を楽しみながら、優れた人に胸を開き、猛勉に励みつつ、似鳥は革新を続けていくに違いない。

M&Aの成功確率

成功の定義は何か

M&Aの成功確率に関しては、いろいろな調査研究があり、マチマチである。高いもので五〇%という調査があるかと思えば、五%というものもある。

例えば東京工業大学のグループの研究では、買収後の株価変動からM&Aの成功を評価している。これによれば、買収発表直後に株価は二%上がり、三年後に一八%下がるが、五年後には同業他社と比較してパフォーマンスに違いが生じていない、という。つまり一時的には下がるものの、買収後五年経つと市場のトレンドと変わりないので、成功とも失敗ともいえない、つまり半々の五〇%というわけである。ただし調査件数は八一件と少ない。

デロイトトーマツコンサルティングが二〇一三年に行った二〇〇社以上の調査では、成功率は近年増加して三六%と発表された。しかしこれは企業にアンケート調査を行い、「過去のM&Aが成功したと思うか?」と問いかけた結果であり、成功の定義について「M&Aを実行する際に設定した目標を八割超達成した場合」を成功企業としている。企業経営者の主観的評価を質問すれば、「何らかのメリットがあった」という返事が返ってくることは十分予想される。しかし「M&Aの目標を一〇〇%達成したか?」と質問すれば、大幅に下がるに違いない。

これに近いのが『週刊東洋経済』(二〇一四年六月七日号)の調査である。同誌は一九八五年以降の日本企業の買収事例を全件調査し、「日本企業のM&A成功確率は一割に過ぎない」と発表している。この成功の定義は、一〇年後に買収発表時の計画どおり達成した場合としている。

かように成功の定義も調査手法も定まっていないので、成功確率については明快な答えを出せない。しかし「思い通りに行かなかった」ケースが圧倒的に多いことは間違いない。なぜ企業買収がうまくいかないのかといえば、それは人々の反発や抵抗が強いからである。統合によるコストメリットを追求すれば多くの場合人員削減につながり、働く人々は激しく抵抗する。

また企業同士が合併してシナジー効果を出すためには、融合が必要である。しかし人々がこれまで共有してきた組織文化が違うためになかなか融和しない。

日本企業が合併統合すると、「双方の文化を尊重する」政策が取られることが多い。しかし「双方の文化尊重」はベクトル合わせをしないまま、過去を残すことになる。だから相乗効果は期待できず、売上など数字上は足し算になっても、経営の掛け算的効果が生まれないのである。

日本企業でM&Aが増加する背景

このようにM&A後の統合が難しく、相乗効果が上げにくいにもかかわらず、日本企業のM&A件数は、二〇〇〇年頃から急増し、二〇一三年には二〇〇〇件を超えた。海外企業や事業の買収、いわゆるクロスボーダーM&Aも年間五〇〇件程度に拡大している。これだけM&Aが盛んになった背景には日本企業の事業が成熟し、従来の自前主義の延長ではなく、海外展開を含めた「非連続の事業構築、ないし構造変革」が必要になったことが挙げられる。また空前の金融緩和によって、低金利の資金を豊富に調達できることも追い風になっている。

一般に買収のメリットは、「経済性」と「交渉力」の二つと考えられている。

一つ目の「経済性」とは「規模の経済」、「範囲の経済」、「時間の経済」などシナジーによって期待されるメリットである。

規模の経済はよく知られているように、量産量販によって対売上高コスト比率が下がる効果である。範囲の経済とは、顧客から見た場合、ワンストップ・ショッピングが可能になり便益が増すことをいう。また同じ流通ルートに多様な商品を乗せることなどで効率が増す。時間の経済とは「時間を買う」ことであり、M&Aによって、未開拓の成長事業や不足している経営資源を一気に手に入れることが可能となり、収益機会が増すことをいう。

買収のメリットの二つ目は「交渉力」である。市場の競争相手を減らし、市場コントロール力が強くなるメリットである。叩き合いや価格競争による消耗戦を和らげることができる。市場コントロール力は同業に対するものだけでなく、川上や川下のプレーヤーに対しても強まり、取引上の交渉力が強まる。

ただし買収のメリットは、当たり前だが買収統合に成功しなければ生まれない。カネ余り時代の今日、買収価格が高騰する傾向にあり、高いのれん代（買収プレミアム）を支払うケースが多い。いわゆる高値づかみである。例えば実体資産価値が一〇〇億円の企業を三〇％ののれん代を上乗せして一三〇億円で買収した場合、統合後の事業は三〇億円のいわばハンディを負ってスタートすることになる。つまり経済効率を落とした後、PMI（Post Merger Integration＝買収後の経営統合）が始まるので、一般に成功確率は高いとはいえないのだ。

GEの手法を踏襲した藤森流改革

しかし、M&Aを多用して時価総額を著しく上げた経営者が実在する。有名なのが、GEの元CEOジャック・ウェルチである。ウェルチがGEのCEOに就任した一九八〇年は、アメリカの特に製造業が日本企業の侵攻によって受けたダメージが鮮明になった頃である。そしてその後の一九九〇年にかけて、規制緩和によってインターネットやバイオの革新技術が立ち上がり、アメリカ企業が構造変革を迫られる環境激変の時代だった。そんな潮流の中で、ウェルチはM&AによってGEの事業構造を大きく変えた。

彼の伝記によれば、一九八〇年から二〇年間CEOを務めた期間中に、買収した企業数は約一〇〇〇件、売却した事業は約四〇〇。ウェルチは合計一四〇〇件のM&Aディールを行った。年平均にすれば七〇件、月当たり平均約六件で、毎日のように構造改革を考え続けた人なのである。

「ジャック・ウェルチやジェフ・イメルトらGEの名経営者たちが認めた日本人」といわれ有名になった経営者がいる。LIXILグループCEOの藤森義明である（二〇一六年六月より相談役）。藤森はGEでグループ会社のCEOを歴任し、二〇〇一年に米国人以外で初めてとなる米GE上席副社長にまでなった。藤森の経営手法を見ると、ウェルチが一般的には成功確率の低いといわれるM&Aを駆使しながら、なぜ経営改革に成功したのか、その一端を知ることができるだろう。

LIXILは二〇〇一年にトステムとINAXが経営統合し、その後数多くのM&Aを進め、二〇一一年に大同合併して生まれた会社である。しかし実情は持ち株会社の傘下に各社がぶら下がる状態で、統合効果はまったくといっていいほど出せていなかった。そこで創業家が白羽の矢を立てたのが藤森だった。藤森はGE流の統合政策を進めるのだが、その手法の一端を見てみよう。

まず藤森が手がけたのは、経営理念の構築である。LIXILはもともと超ドメスティックな企業だったが、長い歴史をもつ海外企業をいくつも買収している。したがって「それぞれの組織文化を尊重する」などと悠長なことは言っていられず、しかも企業文化をどこかの会社に合わせるというわけにもいかない。したがってすべて一から新たに作り上げることにした。その骨格となったのが三つの価値観である。

それは「①多様性の尊重（Respect Diversity）」、「②公平な機会の提供（Equal Opportunity）」、「③実力主義（Meritocracy）の徹底」の三つである。

三つのスローガン自体は、取り立てて珍しいものではない。しかし藤森の違うところは、人々の間に文化を浸透させる方法論を持っていることである。

藤森にいわせれば、チェンジ・リーダーが現れると、多くの人々は変化を受け入れず距離を置こうとする。パレート法則から導かれた「二・六・二の法則」で考えるとわかりやすいが、二割の人は賛同しても、一～二割の人は反対し、六～七割の人は様子見を決め込む。その多数の人たちは改革が成功しそうなら付いていくが、頓挫するかもしれず、方向が固まるまでノラリクラリと態度を決めないのである。

こういう人たちが態度を変えるのは、目に見える形で周囲の情勢が変わり、もはや後戻りできないと認識した時である。いわば古《いにしえ》への回帰に諦めがついた時である。

場の空気は、少しずつ徐々に変わるわけではない。賛同する人の割合がある一定比率に達した時に、一気に変わる。この変化点のことを「閾値《いきち》」という。閾値は変化に必要な蓄積量のことである。

風土が変わる閾値に関する研究には、例えば三菱総合研究所著『クォーター・マネジメント』（講談社、一九八六年）がある。それによれば、異質な文化を受け入れる閾値は二五％としている。二五％前後の人々が変化を受け入れると、組織全体の空気が一気に変わり始めるというわけである。

藤森は、人々に目に見える形で変化を実感させるために、例えばダイバーシティの一つの尺度である女性管理職登用の割合を三〇％と定め、いきなり数倍のレベルまで引き上げていった。あるいはイコール・オポチュニティを見える化するために、買収したイタリア企業のＩＴ担当役員をＬＩＸＩＬグローバルカンパニーのＩＴトップ（ＣＴＯ）に抜擢した。水回りのカンパニーＣＥＯに独グローエのトップ人材を据えた。さらに他のカンパニーＣＥＯや財務（ＣＦＯ）や法務（ＣＬＯ）のトップなどに、外国人を起用した。

日本企業の外国現地法人で働く人たちからは、明らかに日本人と処遇が違い、「ガラスの天井」があると受け取られていることが多い。しかし、もし現地スタッフの女性がトップ幹部会のメンバーに引き上げられたり、同僚がグループ全体のＣＴＯやカンパニーＣＥＯにいきなり抜擢されたら、人々はやっと心を開き始めるのではなかろうか。

「こうした極端なことを目に見える形でやらないと、メッセージは伝わりません」と藤森は言う。風土変革の閾値にいち早く到達するためにも、メッセージをリアルな現実でわからせる必要があるのだ。

GEでは、統合を進めるリーダー育成に力を入れている。さらにPMIがマニュアル化されており、この種の統合作業が一気呵成に進められる。藤森はこの点にはやや批判的で、日本では買収側の色に染めてしまうのではなく、「融合」が適すると考えているようだ。なぜならば、日本人は風土変革の閾値に到達さえすれば柔軟に変化に対応するからだ。

このことはドラッカーも喝破している。

「日本を軽く見ることはできない。一夜にして一八〇度転換するという信じられない能力をもっている。…日本は劇的な転換が得意である。一定のコンセンサスが得られるや、ただちに転換する」[注]

日本人は近世以降、価値観を一八〇度転換させた歴史を二回も持っている。それは明治維新と第二次世界大戦である。

GEで長く働いた藤森の目からは、日本人の中間管理職は極めて優秀だという。日本のビジネスパーソンは優秀であり、実は変化への順応性に長け、潜在能力を生かせば世界で勝てると信じている。ただし経営能力のある経営者がいれば、の話だが…。

注 P.F.ドラッカー『ネクスト・ソサエティ』ダイヤモンド社、2002。

第5章

自ら「やってみなはれ」続けるイントラプレナー

新浪剛史

Takeshi Niinami

1959年生まれ。
1981年：三菱商事入社。砂糖部海外チーム配属
1991年：ハーバード大学経営大学院修了（MBA取得）
1995年：ソデックスコーポレーション（現LEOC）代表取締役就任
1999年：三菱商事生活産業流通企画部外食事業チームリーダー就任
2000年：同社ローソンプロジェクト統括室長兼外食事業室長就任
2002年：ローソン代表取締役社長執行役員就任
2003年：ローソンの経営に専念するため三菱商事を退職
2005年：同社代表取締役社長兼CEO就任
2014年：同社取締役会長就任。同社会長を7月に退任、10月よりサントリーホールディングス代表取締役社長に就任

サントリーに迎えられた「やってみなはれの人」

新浪剛史の歴史をひもとくと、「チャレンジし続ける人」という形容がピッタリくる。二〇一四年からはそれまで一二年間トップを務めたローソンを辞し、サントリーホールディングス社長に果敢にチャレンジしている。

サントリーは創業一一〇年を超える同族企業である。社長はすべて一族によって引き継がれてきた。そこに創業以来初となる外部の経営者を招いたのである。

「チャレンジし続けないと、自分がダメになる」

「自分でも正直、すごいチャレンジをやっちゃったなぁ、とびっくりしている。でも、やらなきゃ何も始まらない。だめなら、だめでいい。やっぱり人間、やってみなはれの心、それが大事」

移籍の決め手になったのは、食事を共にした時のサントリー会長佐治信忠の言葉だったという。「ビームを買うことになった。一緒にやろうやないか」

ビームはアメリカの蒸留酒バーボンの最大手である。新浪は「しびれた。日本でこんな意思決定をできるのは佐治さんしかいないと思った」という。

「グローバル化に向けて、佐治さんと二人三脚でやっていきたい」

佐治は新浪の人柄について「夢に向かって力強く執念深くチャレンジし続ける人。一言でいえば、『やってみなはれの人』だ」と評価し、後任に選んだ理由を「国際感覚に優れ、海外人脈も広い。サントリーの世界戦略を力強く推し進めてくれる人材」と語り、期待を表明した。

佐治から「新しい風を吹き込んでほしい」と言われた新浪は、「北風ではなく南風を吹かせたい」と返したという。自ら「ローソン時代の後半は独裁者だった」と振り返るが、「現場が何を求めているのか。まずは対話から」と、サントリーでは現場との議論を重ね、あえてローソン時代とは手法を変えようとしている。

創業家メンバーとの意思疎通にも配慮する。佐治はもとより、生産部門を統括する鳥井信吾副会長やサントリー食品インターナショナル（上場子会社）の鳥井信宏社長（現サントリーＨＧ副社長）を就任前から訪ね、グループの経営方針について意見を交わしてきた。買収したビーム（現ビーム サントリー）のマット・シャトックＣＥＯとは頻繁にコミュニケーションをとっている。同時にネスレやユニリーバといったグローバル企業の経営を研究し、海外拠点への権限委譲の手法なども調べ、将来の戦略を練っている。このあたりは複数の企業の経営を経験し、かつ経営学を学び、多様な方法論を知る経営者らしいといえよう。

二〇一五年二月に各社の決算が発表されると、サントリーＨＤがキリンＨＤを抜いて国内食品メーカーの首位に立ったことが明らかとなった。二〇一四年一二月期の連結売上高は前年比二〇％増の二兆四五五二億円。仏オランジーナ・シュウェップスや二〇一四年五月のビーム買収などで海外売上高を七割伸ばし、キリンに二六〇〇億円の差をつけた。

二〇一〇年はサントリーとキリンの経営統合が破談になった年だが、その前年では首位キリンと二位サントリーに売上高で七〇〇〇億円以上の開きがあった。サントリー二〇一五年一二月期では売上高二兆六八六八億円（前年比九・四％増）、営業利益一八五一億円（同一二・三％増）を上げ、キリンとの差を売上高で四九〇〇億円とさらに広げた。

記者会見の場で、社長となった新浪は「世界には米コカ・コーラや英ディアジオなどまだまだ上がいる」と語り、売上高が五兆円を超えるコカ・コーラなど世界の食品大手といずれ肩を並べるべく、「二〇二〇年にはウイスキーで世界一を目指す」と述べた。

ただ、サントリーが今後も高成長を維持するために、超えなければならないハードルは高い。約一兆六〇〇〇億円を投じたビームのほか、欧州飲料メーカーなど過去五年間で合計二兆二〇〇〇億円のM&Aを実施した。その結果、二〇一五年一二月期末ののれん等無形固定資産は二兆五〇〇〇億円を超え、連結有利子負債は二兆円を上回る。

当面は借入金の返済を優先するため、大型のM&Aには手を出しにくい状況だが、二〇二〇年一二月期の目標売上高四兆円には、年率一〇％近い成長が前提となる。新浪は「北米や新興国でウイスキー事業をどこまで伸ばせるかがカギだ」と語るが、M&Aなくして達成は難しいと見られている。

負債比率を下げるには、株式を上場して時価発行増資する方法があるが、その障害となるのが創業家の存在である。持ち株会社サントリーＨＤの株式の約九割を、創業家である鳥井家、佐治家の資産管理会社・寿不動産が所有している。その寿不動産の株式は鳥井家、佐治家の親族八人が約五％ずつ保有し、サントリーは同族会社のなかでも創業家の影響力がとりわけ強いといわれている。創業家には将来のトップ後継候補もいる。佐治がゆくゆくはグループ総帥を託したい、と考えている鳥井信宏だ。新浪のミッションの一つは鳥井を育て、バトンを渡すことでもある。

こうした中で会社を変革するには必ず創業家の同意が必要といわれ、このことが二〇一〇年のキリンＨＤとの統合交渉破綻の遠因といわれている。まして佐治が会長に残り、副会長や副社長に鳥井家の人々が座る中で、新浪がどれだけ自由に力を振るえるのか、未知数という見方もある。

現実に、赤字が続く業界三位のビール事業について記者から質問され、創業家に対する配慮を感じさせる発言もしている。

「当社が上場企業なら、ＪＴのようにウイスキーなどの得意分野に専念する判断もあり得るが、創業家や社員のビールへの思い入れが強くグループにとって収益以上の価値がある」と引き続き力を入れていく考えを示した。

新浪がリーダーシップを発揮できなければ成果も生まれない。サントリーが新浪をどれだけ活かせるのかも問われている。

ダイエー中内㓛との出会い

新浪は一九五九年、神奈川県横浜市に生まれる。実家は横浜港で港運業を営んでおり、当時アメリカ海軍の仕事に携わっていたことから、実家にたくさんのアメリカ人が出入りする環境で育った。慶應義塾大学三年生の時、子供の頃からのアメリカへの憧れもあって、一年間の米国スタンフォード大学との交換留学プログラムに応募した。

もともと外交官を夢見ていたが、国際的な仕事がしたいと、一九八一年に三菱商事に入社する。最初に配属されたのは砂糖部だった。総合商社では、入社して最初に配属された部署で退職を迎えるという、いわゆる「背番号制」の傾向が強い。しかしそれでは未来は開けないのではないか、と考えはじめ、独学で商社ビジネスや経営に関する勉強を始めた。彼は砂糖部で会社人生を全うする気はなかった。

社外の各種勉強会にも積極的に参加した。また意欲的な若手ビジネスマンを集めて、自ら勉強会を主催することもあった。社内にチャンスや刺激が足りないなら、外に求めようとしたのだ。

外部の会合などに参加していた二五歳の頃、彼はダイエー創業者中内㓛がスポンサーとなって主催する若手の勉強会「ボイス・オブ・ザ・フューチャー」に参加し、中内と知り合う機会を得た。後にこの出会いが、三菱商事のローソン株取得のきっかけとなる。

若手勉強会の出席者はほとんどが海外留学経験者だった。刺激を受けた新浪は、アメリカ留学を希望するようになる。ところが会社に社費留学の申請を何度出しても、上司に推薦してもらえなかった。ようやく推薦を得て社内試験に臨み、筆記試験は何とかクリアしたものの、役員面接で二度も落とされる。「お前みたいに出来の悪い奴はいない」とまで言われたという。業を煮やした新浪は自費ででも行こうと、ハーバード大学に応募し合格証を手にする。その後で人事と交渉し、会社の社費留学制度に申請して留学をかろうじて勝ち取った。一九九一年には晴れてハーバード大学経営大学院を修了、ＭＢＡを取得した。

企業派遣の海外留学経験者は、帰国後ヘッドハンティングがかかり、退社するケースが多い。新浪にも帰国後、誘いがかかった。しかし留学後も会社に留まったある先輩から、こんなことを言われる。

「この会社にいて、求める方向と自己実現が同じなら、大きいことができるぞ。ベンチャーキャピタルに行っても二、三〇〇〇万円をちょこちょこやっているだけだ。コンサルティングにしても、自分でやるんじゃない。他のところはよく見えるが、よく考えろ」

この言葉で、新浪は退職を思い留まる。

後に新浪は「単純に独立という道を選んでいたら数億円の仕事がせいぜい。三菱商事の看板を背負っているからこそ、ケタの違う仕事ができる」と語っている。

帰国して三年後の一九九四年、三四歳となった新浪は食料開発部に在籍していたが、病院給食を手掛ける事業を自ら企画し、ソデックスコーポレーションを社内起業する。新浪は「具体化は任せてください」と上司に直訴し、自ら社長となった。売上一〇数億円の会社を買収統合して、社員三〇名でのスタートとなった。そしてわずか五年で売上高一〇〇億円規模の会社に育てあげる。

手を挙げてつかんだローソンのトップ

「給食会社には五五歳から六五歳ぐらいの、銀行から天下った人たちがたくさんいた。そこに三菱の資本を入れて新たに創業したんですが、最初は『この小僧が』という目で見られ、すごく難しかった。でも、これはと思うプロパー社員三人に『こういうことをやりたいんだ。一緒にやろう』と自分の思いを何十回、何百回と語った。そしたら、その三人が会社をつくっていってくれました」

ソデックスを経営していた頃の一九九九年には、経営難に陥っていた日本ケンタッキー・フライド・チキン（三菱商事の子会社）の社外取締役も務め、ここでも事業再建に力を尽くした。いずれも経営者か、経営に近い立場の仕事だった。

一九九九年秋、生活産業流通企画部に籍を移していた新浪のもとへ、ダイエー会長を退いた中内㓛から「ローソンの株の一部を、三菱商事に持ってもらいたい」との提案が寄せられた。経常赤字で苦境だったダイエーにとってローソンは優良子会社であり、いわば虎の子だった。しかし二兆円超に膨れあがったダイエーの有利子負債を削減するために、株式売却を持ち掛けてきたのである。新浪はローソン株の買い取りを三菱商事経営陣にもちかけ、商事と中内の仲立ちをすることとなった。

二〇〇〇年二月、ダイエーと三菱商事はローソンの資本業務提携を結ぶ。商事がダイエーからローソンの発行済み株式二〇％を約一七〇〇億円で購入し、ダイエーに次ぐ第二位の株主となった。翌二〇〇一年二月には、ダイエーからさらにローソン株八％を追加取得して筆頭株主になり、合計約二〇〇〇億円を投じた商事が前面に立ってローソンの経営を担うことになった。

このような状況下で、新浪は当時の三菱商事・佐々木幹夫社長に直談判し、自分がローソンの経営に加わりたいと申し出る。

「一〇年前に給食会社を立ち上げた時、すごく燃えたんです。あの時は三四歳だったけど、僕はもう一度燃えたい」

佐々木は何と、新浪の申し出にＯＫを出した。それどころか「お前が社長をやれ」と言った。そのことは本人も含めて、周囲を驚かせる。彼は二〇〇〇年四月から三菱商事側のローソンプロジェクト統括室長兼外食事業室長となっていたが、三菱商事では課長レベルのポジションだった。そして、二〇〇三年にはローソンの経営に専念するため三菱商事を退職。二〇〇五年にはローソンCEOになった。この時新浪は四六歳。ローソン社長への抜擢は、東証一部上場の小売専業企業としては最年少トップとなる、異例の人事だった。

三菱商事は新浪をローソンへ送り出す際、全面支援を約束してくれた。当時の佐々木社長と小島順彦副社長は次のように言ったと伝えられている。

「同じ価格で同じ品質だったら、三菱商事から買う必要などない。メリットがあるなら商事から買えばいいが、それ以外なら買う必要は一切ない。つねにローソンの企業価値向上に努めてくれ。何か問題があったら、いつでも俺たちに言ってこい」

圧倒するセブンと勝てないローソン

意気込んでローソンに乗りこんだ新浪だったが、すぐに壁にぶつかる。それは業界リーダーであるセブン－イレブンの後追いをしようとしたためである。

日本型コンビニのビジネスモデルを創り出したのはセブン－イレブンである。そればかりか他社に先駆けて継続的にモデル革新を行ってきた。したがって同業他社はセブンの戦略、戦術をそっくり後追いしてきた。いわゆるモノマネ、「Ｍｅ－Ｔｏｏ戦略」である。

実際のところ新浪も社長に就任して、ローソンの社員たちに向けてこう言い放った。

「同じコンビニじゃないか。強者であるセブン－イレブンを徹底的にベンチマークし、その強みを学ぶところから始めよう」

「セブンにできていることがなぜできないのか。効率の悪い店はどんどん閉店すればいい。そのうえで、コンビニ業界のベストプラクティスをとにかくマネすればいいんだ。できないのなら、何としてもやらせればいい」

ところが現場を回ってみると、皆ヘトヘトになっていることに気付く。ダイエー傘下の時代から、新浪と同じことを言われてきた。「セブンがやっているんだから、お前らもやれるだろう。セブンのマネをすればいいんだ。なぜセブンにできて、お前たちはできないんだ」とずっといわれ続け、社員は辟易していたのだ。

ましてローソンのかつての親会社ダイエーは、経営不振から自らの余剰人員をローソンに押し付けていた。負の遺産まで負わされて、モチベーションが上がるはずもなかった。

「新浪さんの言うことはわからない。大体、僕らの意見を聞こうともしないじゃないですか」

出会う社員たちの誰もが、自信を失い萎縮していた。セブンは圧倒的首位であり、ローソンはセブンの追随者にすぎない。逆立ちしてもかなうはずがない、と。社長に就任して半年後、新浪のこんなインタビュー記録が残っている。

「皆のモチベーションをこっちに持っていこうと、自分だけが走っている部分がありました。私はものすごいパワーで率先垂範する方ではあるんですが、それにしても後ろを見ると、『あれっ、私のスピードについてきてないな』と、二カ月ほど前に感じました。…自分だけ走っていた。本当には任せていなかった。……いや、私は経営者失格だとさえ思いましたね」

コンビニはもともと、廃れつつあった酒屋、お米屋、乾物屋などの業態転換をサポートして成長した。セブン-イレブンは米国で発祥したが、日本のイトーヨーカ堂が米国からライセンスを得て、日本で独自業態として進化させた。後年、米国セブンはミニ・スーパーになって存在意義を失い倒産したが、セブン-イレブン・ジャパンが本家を買収して再建しつつある。ドラッカーは「日本のセブン-イレブンは小売業にイノベーションをもたらした」と語っているが、コンビニは日本発オリジナルの小売革新なのだ。

〈図表5-1〉は、セブン-イレブンと業界二位のローソンの財務諸表を同一縮尺で並べたものである。ただしセブン-イレブンの数字は日本社の単独ベースであり（海外セブン-イレブンは含まない）、ローソンは海外含む連結ベースである。

PLを比較すると、差が大きくないように見えるが、内容に大きな差がある。ローソンは直営店売上が多い。フランチャイズ・システムは本来、加盟店を指導することで手数料を得る業態だが、「加盟店収入」だけで比較すると、セブン-イレブン六九〇〇億円対ローソン二六〇〇億円で、セブンが二・七倍と圧倒している。

日本における店舗総数はセブン-イレブン約一万八六〇〇店に対して、ローソンは約一万二四〇〇店（関連会社のローソン店含む）で、店の数は一・五倍程度の差に過ぎない

図表 5-1

セブンvsローソンの比例縮尺財務諸表

（2016年2月期　単位：億円　PLは営業利益まで表示）

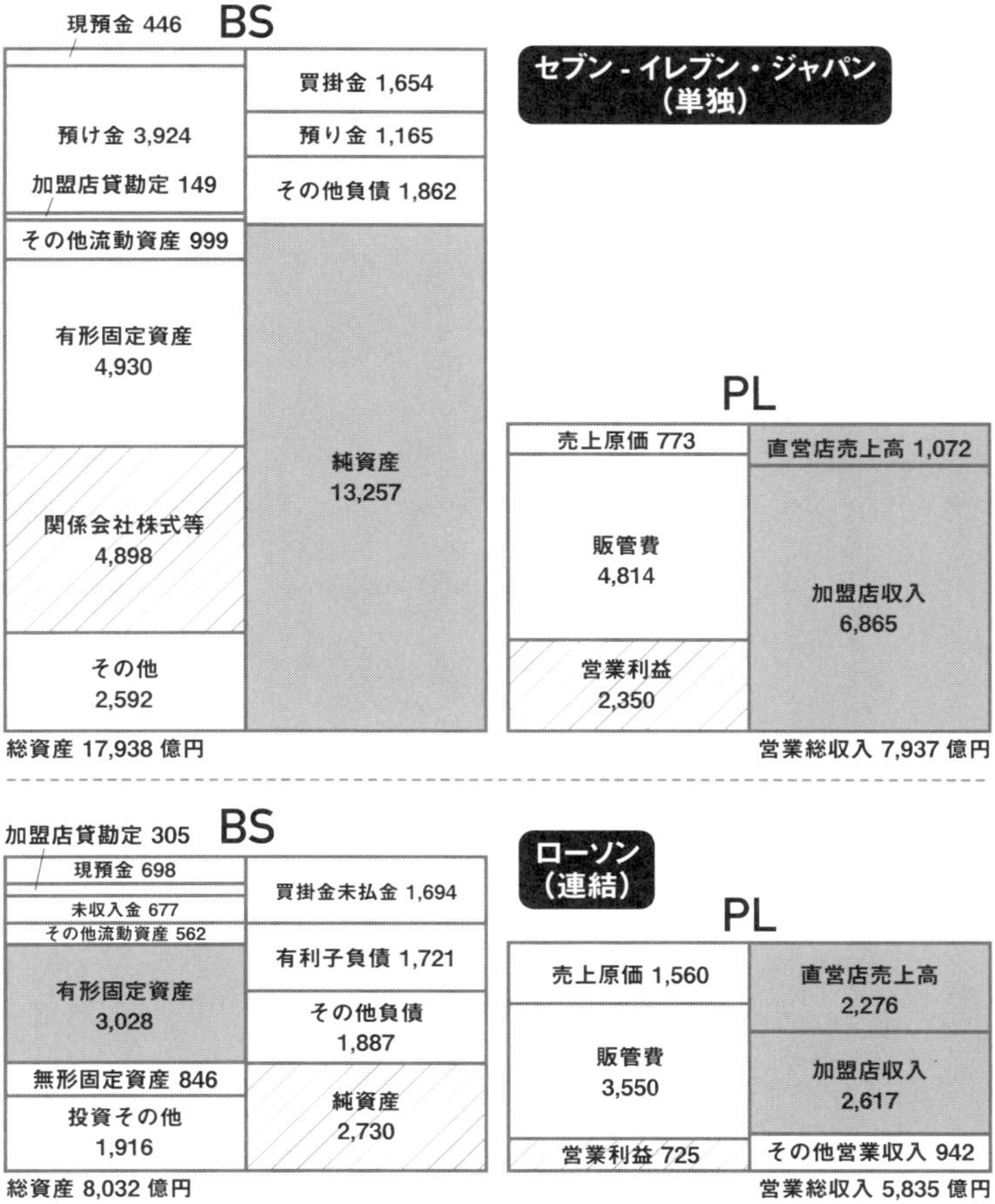

（二〇一六年五月現在）。大きな差が生まれる要因は、一店舗当たりの一日の売上にある。セブン‐イレブンの店舗は一日平均約六六万円売る。これに対して、ローソンは約五四万円、ファミリーマートは約五二万円である。全国一店舗当たり一日の平均売上なので、合計すると莫大な差になる。

直営店売上に直接対応する原価が、ＰＬの売上原価である。したがってその差額が粗利益、つまり直営コンビニ店の粗利を表している。この粗利率を計算すると、セブン‐イレブン二七・七％に対して、ローソン三一・五％とローソンのほうが高い。しかしこれは二〇一四年一〇月に買収した成城石井が加わって高くなったもので、その前年では一ポイント以上の差をセブンに付けられていた。コンビニ同士の比較では、やはりセブンに分があると考えられる。

これらが合成された結果、セブンの営業利益二三五〇億円に対して、ローソン七二五億円と、セブンの圧勝となっている。現在までの累積利益は純資産の大きさにも反映されている。セブンは三九〇〇億円の預け金（セブン＆アイＨＤ向け）や、四九〇〇億円の関係会社株式（米国セブンやセブン銀行などの株式）など、厚い資産を保有している。セブンの「純資産」は、ローソンの「総資産」の一・六倍を超えている。

セブン‐イレブンは食品のアップル？

二〇一四～五年度の一店舗当たりの平均日販の伸び率を大手各社で比較すると、二期連続で伸びたのはセブン-イレブン一社だけである。

セブン-イレブンはなぜこんなに強いのか？

iPhoneの裏側には「Designed by Apple in California. Assembled in China」と書かれている。セブンもアップルと似ていて、「企画デザインはセブン、製造はメーカー」というモデルである。

セブンが企画し、あるいはセレクトし、良いと判断すると売れ行きがまったく異なる。製品をセレクトした例でいうと、二〇一三年度にセブンが売った缶コーヒー「ジョージア」（日本コカ・コーラ）は約二億本、「スーパードライ」（アサヒビール）は約一億本、ロッテのガムが約六〇〇万個と、セブンが日本で一番売る。この他にも、セブンが日本一売る商品は数多い。

最近は、メーカーのNB（ナショナルブランド）商品に加えて、セブンがメーカーに生産委託するPB（プライベートブランド）の販売力も強くなっている。

それだけにセブンの棚を確保することは、メーカーの経営にとって死活問題となる。この影響力を背景にして、セブンはメーカーに厳しい要求を突き付けることができるのだ。

現在、一部の商品ではNBメーカーの開発・生産機能を、セブン流に分解・再編して使うようになっている。NBメーカーにPBの完成品ではなく、セブンが各メーカーの「良い所取り」して、一つの商品を完成させるのだ。

例えばあるカップ麺では、大手カップ麺メーカーから「麺だけ」を調達し、スープは別の専門トップメーカーに、そしてかやく（具材）はセブン・グループ企業に、という形で分担させて開発した。ベストのドリームチームを、セブンが再編成したというわけだ。

これはNBメーカーにとって、屈辱的なことだろう。しかしセブンは「メーカーさんには得手・不得手がある。だが当社が良いものだけを協力工場から集めて組み合わせれば、NBメーカー以上の味と質の商品を手頃な価格で提供できる」（セブン－イレブン商品開発担当役員）と涼しい顔で説明する。

セブン－イレブンはPOS（販売時点情報管理）に代表されるデータを活用した仮説・検証を重視する経営で知られている。「単品管理」と呼ばれるが、この「タンピンカンリ」は経営学の分野でも英語でそのまま通用するほど、広く知れ渡っている。徹底した商品開発の場では、ブランド名を隠した消費者テストで多数の競合商品より高い評価を得られなければ商品化しない。しかも顧客参加型の「コミュニティーサイト」も運営し、試食やアンケートの結果に基づいて、商品を改善している。

こうした情報は、二週間に一回開かれる「FC（フィールド・カウンセラー）会議」で共有される。FCは店舗オーナーに経営を指導する社員のことで、約三〇〇〇人が一堂に会して情報交換する。消費者と商品を知り、販売現場を知るからこそ、商品開発をリードできる仕掛けだ。

まさにセブンは、食品・日用品のアップルといって良いだろう。セブンは消費者がグッとくる商品を開発し、製造自体はアウトソースすればいい。メーカー側も目まぐるしく変わる消費者の嗜好に応えるには、不断の革新が欠かせない。しかし高い技術を投入して価格が高くなれば、売れないリスクが高まる。セブンはＰＢ商品を全量買い取り、そのリスクを軽減してくれる。だからメーカーはついていかざるを得ない。

Me-Too戦略から差別化戦略への転換

消費者側から見ても、強さで圧倒するセブンにローソンが勝てないのは明らかだった。Ｍｅ－Ｔｏｏ戦略のローソンやファミリーマートの店と、業界トップのセブンが並んでいたら、消費者はセブンを選ぶだろう。すべてにおいて進んだセブンを選ぶほうが、リスクの少ない無難な選択だからである。

新浪はそうした状況を理解し、ローソンのやり方を本気で変える決心をする。「ローソンの目指すべき強さとは何か」を必死に考えた。その結果、全面戦争を挑むのではなく、休むことなく前進を続けるトップとは異なる魅力を明らかにし、そこに経営資源を集中投下して、「局地戦に勝つ」という戦法を取る決意をする。いわゆる「差別化戦略」である。

消費者にわかる差別化要素をハッキリ打ち出し、「局地的な勝ち」を重ねていく。どうしても勝てないのなら、構造的に変えることで「戦いのルール」を変えてしまおうと考えた。

新浪は社長になってまもない頃から、全国の営業拠点や有力な加盟店オーナーの元を訪れて話を聞いた。移動しながら景色を眺めているうちに、戦略的集中のポイントについてヒントを思いつく。ローソンは、業界のなかでも特に田舎の店舗が多かった。セブン－イレブンは大規模商圏に集中出店して、チェーン全体の効率を高めている。田舎にポツンと立地する店舗が多いということは、チェーンの基本ができていないことを意味する。

しかし新浪は「ローソンの強みは全国の田舎に店舗があること。都市生活者だけでなく、全国各地域のライフラインになっている。これこそがローソンの潜在的な強み」と考えるに至った。

このヒントを得て、地方・郊外に立地した店舗網を活かしつつ、「地域密着の店舗を作る」という戦略着想を得る。日本の地方は千差万別のはずなのに、コンビニ業界は均質な商品やサービスを提供している。むしろ地域と共にあるような、あるいは地域によって姿を変えるコンビニチェーンがあってもいいのではないかと考えたのである。

チェーンストアの論理は標準化で「規模」に見合った「効率」を手にしようとするものである。しかし新浪は小売業の常識にとらわれず、均質性を犠牲にしてさまざまな店舗・業態を開発していった。

既存の考え方を頑なにもつ人々、とりわけダイエー時代から引き継いだ商品本部のメンバーたちからは、当然のように反発が起こった。新浪が社長に就任する前にローソン役員二一人のうち一四人は退任していたが、筆頭株主である三菱商事の小島らの強力なバックアップを得て、商品本部の部長クラスも大幅な入れ替えを断行した。

日本のフラインチャイズ・チェーンでは、本部が枠組みをすべて設計する。商品やサービスを決め、販促方法や具体的なオペレーションの中身も本部が決める。SV（スーパーバイザー）はその指示をもとに、加盟店をバックアップする。

しかし店舗のローカライズのためには、意思決定権限を現場に下ろす必要がある。

そこで新浪は二〇〇三年三月、それまで二〇あった運営部を解体し、全国の営業エリアを七つの支社に分割する「支社制度」を導入した。新たに任命した各地域の支社長には、出店の決定、品揃えや販促から一定範囲内の人事権限まで、本部機能の大半を委譲した。また各支社に商品部を設置して、商品開発機能の一部を支社に移した。

新浪は後に、この分権の網の目をさらに細かく分けていく。二〇一一年三月には「支店制度」を導入し、それまで七支社の下にあった区割りである約一二〇のディストリクトを廃止し、七六の支店として再編した。支店長には、リーダー教育を施したうえで支社権限の一部を降ろした。出店可否の判断を含めてエリア戦略の決定は、ここに委ねられた。

二〇一二年六月からは、支店に属するSVをチーム化した。SVに二人のアシスタント・スーパーバイザーを付け、三人一組で店舗を巡回することにした。個人技ではなくチームで店舗を支援するためである。こうしてコンビニの中央集権的運営とは異なる、新浪のローソン型分権経営が形作られていった。

POSシステムが生み出す競争優位

分権の構想は社内に留まらなかった。二〇一〇年から開始した「MO（マネジメント・オーナー）制度」では、分権化をフランチャイズ加盟店にまで広げた。

事業意欲や能力の高い加盟店オーナーをMOとし、五店以上の複数店を経営することで家業から脱皮して事業ととらえてもらう狙いである。しかも単なる複数店経営ではなく、MOには、本部が担っていた業務・権限の一部を与えた。

例えば、本部のSVの仕事を、MO店内で育成したストアコンサルタント（以下SC）が担うことになった。これに合わせて、これまで加盟店が見ることができなかった、SVや支社長の利用データ類もMOに一部公開した。現場に近いMOがそれらを活かせば、新しい強さを生み出すことができるかもしれない。

そしていつかMOにローソンの経営にも関与してほしい。あるいはMOからローソンの役員が生まれてほしいとまで、新浪は期待を寄せている。

分権化の一方で、本部の役割強化も模索している。例えばビッグデータがある。

コンビニのデータのベースはセブンが開発したＰＯＳが基盤である。しかし新浪はＰＯＳを超えるものを作りたいと考えた。

店舗ではＰＯＳレジで商品の読み取りだけでなく、販売員の視認によって顧客の年齢層や性別を入力し、データ収集している。この顧客の購買情報をもとに、日々分析を行い、商品開発や販促の改善を続けている。コンビニ各社はＰＯＳシステムもセブンの後追いをしてきたのだが、ローソンの情報システムの場合、ダイエーの子会社が開発と運用を担い、使い勝手が悪く、料金も高かった。ここにもダイエー時代の負の遺産が残っていたのだ。

新浪はこの現状を続けている限り勝てないと考えていた。そこでＰＯＳを乗り超えるシステムが何としても欲しかった。

その切り札となったのが、会員制カード・ポイントサービス「Ｐｏｎｔａ」である。

セブンの「ｎａｎａｃｏ」カードに比べ、Ｐｏｎｔａは会員カード発行時に、顧客の性別、生年月日、住所、配偶者の有無、学生・会社員などの属性が詳しく登録される。これによりレジ係の視認に頼るＰＯＳよりも、正確に年齢や性別を把握できるようになった。

これによってＰＯＳではつかめないデータが取れるようになった。例えば、どんな属性の顧客がどんな商品を、どこでいつリピート購買したかがわかる。会員カードを通じてローソンは「個店」を超えて「個人」とつながることができた。「こんな顧客が来る店では、こんな商品が売れる」ことまでわかるようになるはずだ。

カード会員比率のアップにつれて、情報処理量は膨大化しつつある。ローソン全店で日々生まれるビッグデータの分析と活用は、本社の役割として取り組まなければならない。課題は、ローソンでしか買えない尖った商品の開発である。ローソンから生まれた「おにぎり屋」や「プレミアムロールケーキ」などに続く新しいヒット商品が待たれている。ビッグデータの活用については、まだ課題が多い。例えば、コンビニ業界は六〇歳以上のシニア層を苦手としてきたが、今後は、年齢層ごとの応対にも活用できるかもしれない。

Ｐｏｎｔａを運営するロイヤリティ マーケティングの大株主は三菱商事（四七％強出資）だが、ローソンも二〇％出資している。二〇一六年三月現在、Ｐｏｎｔａ会員数は七五〇〇万人を突破し、会員による売上高は全体の五割を超えるまでに拡大している。

新浪が考えていたカード会員比率の目標の目安は「六〇％」だった。それを超えると情報の精度は飛躍的に向上するという。

Ｐｏｎｔａで集められたビッグデータを、多様な店舗の開発にも生かそうとしている。ただしナチュラル・ローソンやローソンストア１００などの店舗展開は、現在までのところ目標通りには進んでいない。この課題も残されたままである。

新浪が作ったローソンの経営理念

ローソンの経営理念を一新したのは新浪である。現在のローソンの企業理念は、二〇〇五年に新浪が作ったものだ。

実はもともとローソンが創業した一九七五年当時、企業理念はなかった。なぜかといえば、ローソンはダイエー中内㓛が急作りで立ち上げた事業だったからである。

中内は一九七四年に誕生したセブン－イレブン・ジャパン一号店を何度も見て、ローソンの立ち上げを決断する。セブンと同じように米社からライセンスを受け、子会社としてダイエーローソンを設立したのだ。だから創業の目的や理念が当初から希薄だった。セブン－イレブン・ジャパンは創業時に、「既存中小小売店の近代化と活性化」や「共存共栄」という理念を掲げていた。しかしローソンがはじめて企業理念を作ったのは、ずっと後の二〇〇〇年である。しかも作ったきっかけは、株式上場の申請書類をそろえる中で企業理念が存在しないことがわかり、必要に迫られて作成したものだ。それが次のようになった。

「私たちローソンは、人を大切にする心と創造的な行動を通じて、お客様の便利な生活と地域社会の発展に貢献します」

しかし上場後の二〇〇二年に社長になった新浪が目にしたのは、この理念がまったく社員に浸透していない現実だった。これを見て新浪はこう漏らしている。

「無手勝流なんですよ。軸もなければ、方向もない」

こんな事情もあり、ローソン社員の姿勢がすべてにわたって消極的だったのは、半ば仕方のないことだったのである。そこで新浪は理念を新たに作り変える。さらに理念を実践するための行動指針も作った。

【企業理念】

「私たちは〝みんなと暮らすマチ〟を幸せにします。」

【行動指針】

「そこに、みんなを思いやる気持ちはありますか。」

「そこに、今までにない発想や行動へのチャレンジはありますか。」

「そこに、何としても目標を達成するこだわりはありますか。」

理念は社員の共感を呼ばないと意味がない。その意味では「軸がない」ローソンに、新しい共感を吹き込むのは困難な仕事だったに違いない。

事業再生は、事業創造より難しいといわれる。事業創造、つまり起業ならゼロからスタートできる。しかし負の遺産を抱えて開始する事業再生は、マイナスをプラスに変えていくのに倍のエネルギーを必要とする。ローソンはその典型であるだけに、一層困難なプロジェクトだったに違いない。ちなみにダイエー本体は、丸紅やイオンが再生を手掛けたが、結局現在に至るまで再生できないままである。

ダイエーの負の遺産は、既に述べた余剰人員や情報システムだけではなかった。実は三菱商事とローソンとの資本提携と株式上場は、同じタイミングだった。ダイエーはローソン株を高値で売却するために、上場前に大量に新規出店して成長イメージを演出した。準備不足で出店した店舗は、不採算店が多い結果となった。新浪はますます余計な重荷を背負ったスタートだったのである。

したがって新浪の獅子奮迅の活躍にもかかわらず、ローソンの株価は社長就任以降の一〇年ほどは、あまり改善しなかった。〈図表5－2〉は新浪がトップに在任していた期間の営業利益と株価の推移である。

これを見てわかるように二〇〇九年頃まで営業利益は少しずつ増えているが、株価は低迷している。営業利益が伸びたのは、不採算店の閉鎖をしつつも積極的に新規出店していったからである。しかし既存店の売上は芳しくなく、したがって株価はさえなかったのである。

二〇〇八年には三菱商事がローソン株下落で、二〇〇〇億円の投資のうち八五〇億円ほど減損損失（のれん代の減損）を計上したほどである。

しかし差別化戦略が浸透し始めた二〇一〇年以降、やっと業績が上向いてきた。株価も急回復した。業績が上がったため、三菱商事は二〇一五年三月期決算で減損損失の「戻り益」を計上することができた。

こう書いてくると、新浪の奮闘が実らなかったかのような印象を与えてしまったかもしれない。もちろんそんなことはない。〈図表5－3〉は新浪の就任年の各社営業利益を一

図表 5-2

ローソンの12年間の業績推移

（同社決算説明会資料より）

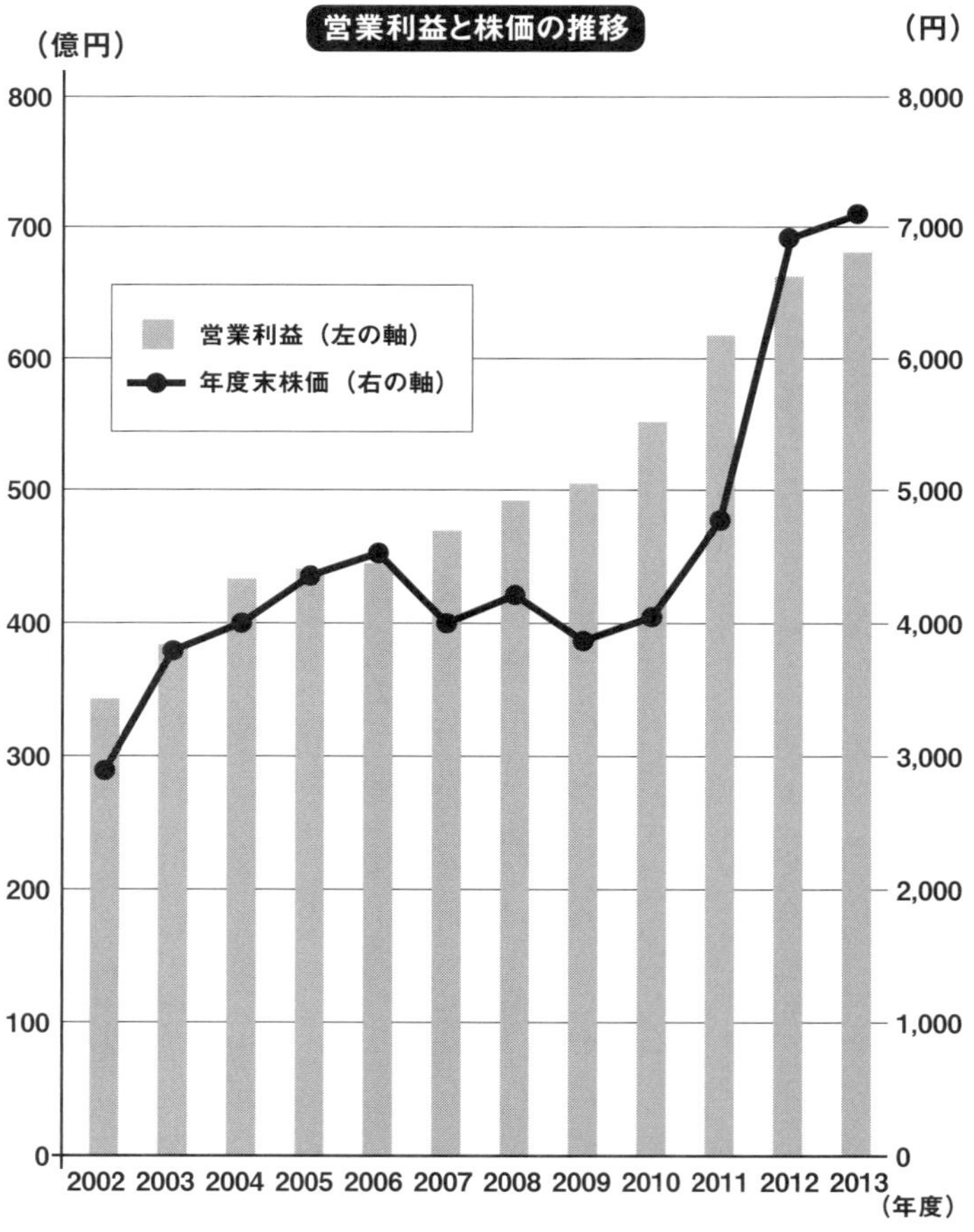

○○とした時の指数のグラフである。セブン‐イレブンはセブン＆アイHD連結の中で、コンビニ事業の営業利益を取っている。

このグラフを見れば、新浪が就任して以来、ローソンは競合他社と比べて高い伸びのトレンドを示していることがわかる。いまだ規模で圧倒されているとはいえ、他社に一矢報いる業績を残したことは間違いない。

新浪が退任した年の二〇一四年二月期決算では、連結純利益が前期に比べ一四％増の三八〇億円となった。予想を上回り、一二期連続で過去最高を更新した。二〇〇二年の社長就任以来、一二年にわたって成長をけん引した新浪に花道が開かれた。こうしてトップのバトンが玉塚元一に渡った。

ローソンの再生を長く待ち続けた商事

ローソンが好調な株価のトレンドに乗るまでの七～八年ほどの間、親会社である三菱商事はじっと待ち続けたことになる。三菱商事が新浪を送りだし、その成長を待ち続けたのには商事側の事情もある。

〈図表５‐４〉は、三菱商事の財務諸表である。

岡藤正広の第６章と重なるが、総合商社はかつて世界に情報ネットワークを持ち、日本の産業振興を主導する役割を担った。しかし日本経済が成熟し始めると、何度となく「商

図表 5-3

コンビニ大手３社の営業利益推移

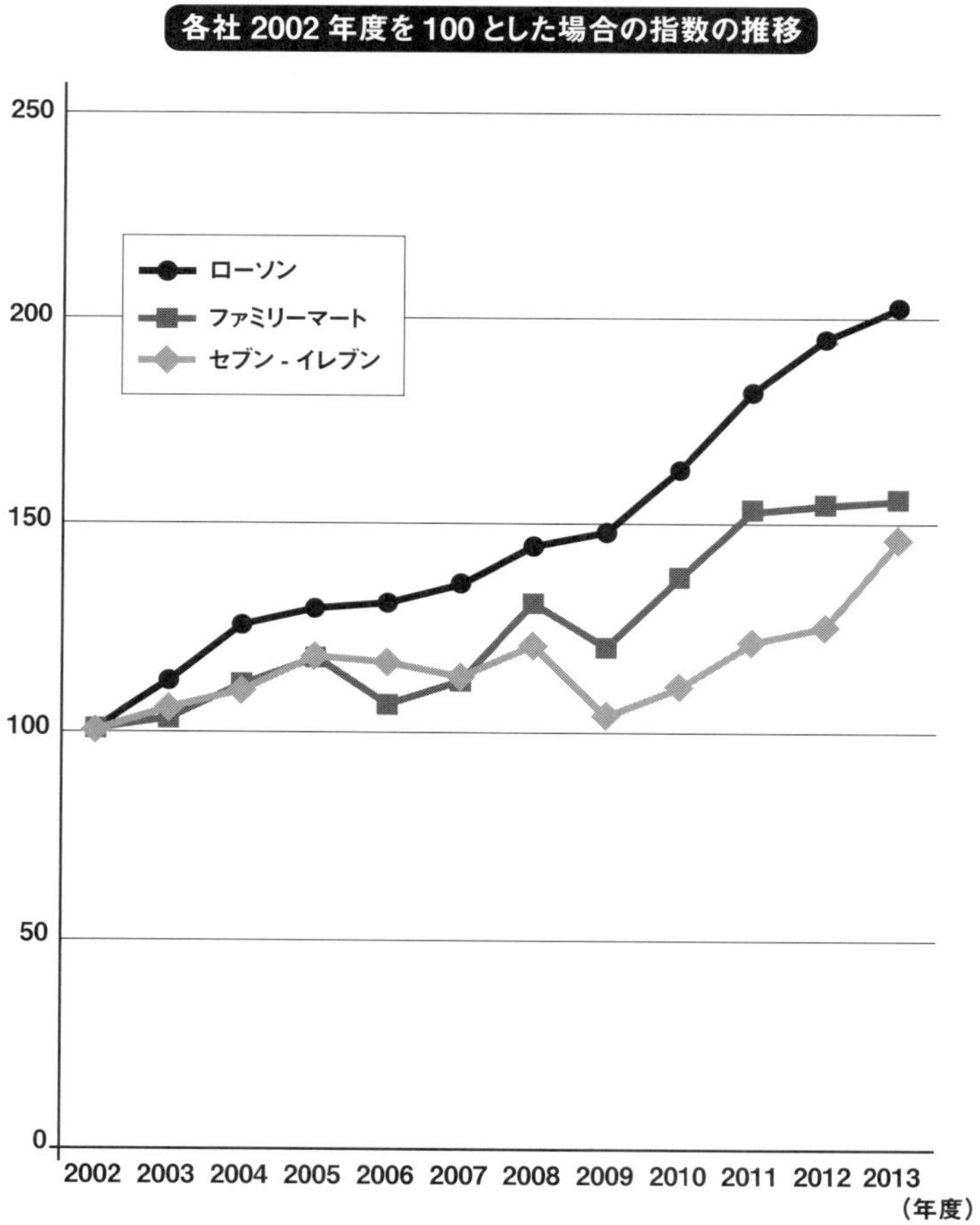

社不要論」が叫ばれるようになる。かつて資源の調達や製品輸出を商社に頼ってきた日本企業も、だんだん自力をつけ始めると「流通中抜きの商社はずし」をするようになった。

総合商社はそうした動きに対抗する手段として、二〇〇〇年代に入って川上の資源権益や川下企業への投資を強化する。

その過程で、取引仲介によって口銭（売買手数料）を稼ぐ旧来型「商社」モデルから、自らリスクを取って事業に投資する「投資会社」型ビジネスモデルに転換していった。したがってバランスシートを見ると、今や最大の資産は「投資等」となっている。

総合商社・三菱商事が取扱う商品は、今は「ラーメンから人工衛星まで」といわれる。それほど多様な非関連事業を抱える投資会社にとって、最も重要な経営資源は何かといえば、それは有能な経営者なのである。

特に三菱商事は、「人材供給会社」というもう一つの顔を持ち始めている。ローソンを始め、日本ケンタッキー・フライド・チキン、北越紀州製紙、メタルワン、三菱自動車工業など、三菱商事出身者が社長を務める企業数は連結対象会社の半分強といわれる。同社には後継者難の出資先から派遣要請が舞い込むことも多く、社長を派遣している総数は三〇〇人に及ぶという。

新浪を送りだした小島は二〇〇四年に三菱商事社長になったが、その時『日経ビジネス』のインタビューに答えて次のように語っている。

図表 5-4

三菱商事の比例縮尺財務諸表

（単位：十億円）

（2016 年 3 月期）

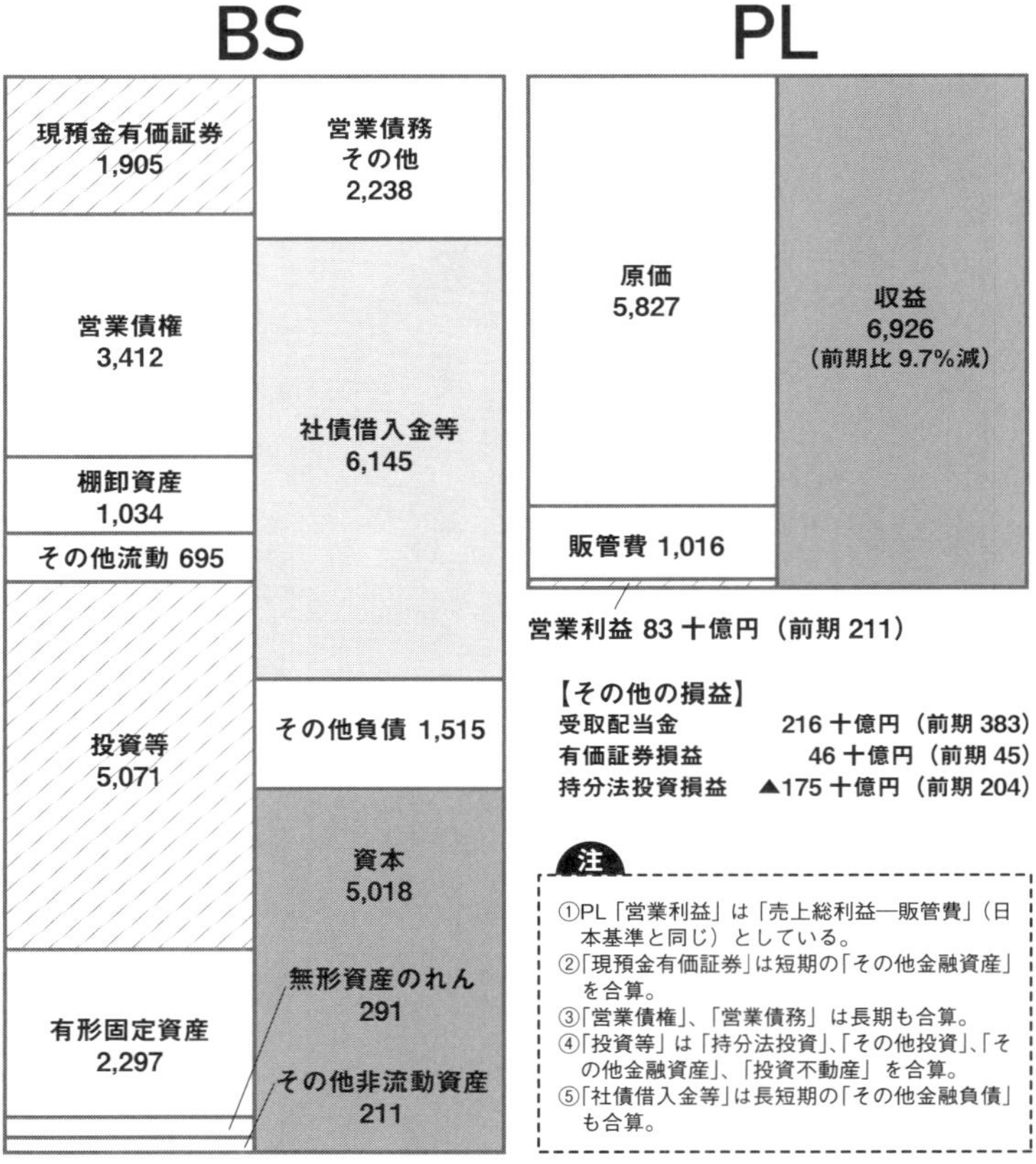

総資産　14,916 十億円（前期比 11.1% 減）

「当社は事業投資先が八〇〇社あって、その中に我々が経営責任をもたなくてはいけない連結先も多くある。一時代前の事業投資は、投資先と取引ができて、商品の扱いで利益をあげるという発想でした。ところが連結経営では投資先そのものが収益を上げる会社にならなくてはいけない。となると、『ある程度の歳になったから、そろそろ出向して』みたいな人事はダメで、若い連中に事業投資先に行って経験をさせることが必須なんです。……こうした人材（新浪のこと）が成果を出すと、社内の若手がエンカレッジされる。実際に、自分も挑戦したいという若手が増えています」

商事の新浪への並々ならぬバックアップの背景には、「派遣経営者のシンボル・新浪剛史に失敗してもらっては困る」という投資会社たる親会社の事情もあるのだ。

アントレプレナーよりイントラプレナーを作る

新浪がユニークなのは、社内外で経営の勉強に励んだだけでなく、自ら手を挙げハーバードへの企業派遣を半ば強引にゲットしたことである。ハーバードでは集中して経営学を学習することができた。

さらに面白いのは、先輩の言葉からヘッドハンティングを断り、商事に留まったことである。新浪が言うように、「三菱商事の看板を背負っているからこそケタの違う仕事ができる」というのは事実だろう。

そして最も注目すべきは、三菱の看板を使って事業を自ら企画し社内起業に手を挙げ、経営者となったことである。この経験が後のローソン社長への布石となった。ローソンは新浪が起業したわけではないが、重い負の遺産を抱えた事業再生であり、起業を超える重責だったといえる。彼はまさに「三菱の看板を背負って、ケタの違う事業再生」を果たしたのである。

三菱商事は多様な事業で力を発揮できる経営トップを育成するために、経営教育に力を入れている。ＯＪＴはもちろんのこと、派遣留学も含めてＯＦＦＪＴの経営教育の場をたくさん設けている。

新浪は、いわば三菱商事が育んだイントラプレナー（社内起業家）といっていいだろう。もちろん新浪が「社長をやらせてほしい」と手を挙げる情熱があったからこそ、のことである。しかし彼のチャレンジにチャンスを与え、全面的にサポートし、待ち続けた商事の貢献は大きいといわねばならない。

孫正義はゼロから事業を立ち上げたアントレプレナーである。世の中を革新する孫のような起業家を日本は待望している。だから起業家を量産するシリコンバレーをモデルに、「日本にもシリコンバレーを作ろう！」という政府の構想が何度も立ち上がった。しかし今のところ、どれもうまく行っていない。そしてシリコンバレーを見てきた私の目から見ると、それは無理だと思う。

なぜかといえば、日本のベンチャーを取り巻く社会インフラと、シリコンバレーのそれは成り立ちから大きく異なり、そのまま持ち込むのは無理があるからだ。

例えばシリコンバレーでは、有能な学生から起業を目指す傾向にある。そして企業に必要な技術やカネ、人的サポートなどを比較的容易に調達できる環境がそろっている。

しかし日本では経営資源であるヒト、モノ、カネ、技術は、大企業に偏在している。優秀なヒトは大企業に集まり、辞めたがらない。最近は少しずつベンチャーに人が流れる傾向が出てきているとはいえ、優秀な人を確保するのはまだまだ難しい状況にある。

また大企業にはモノ（資産）やカネがあり余り、遊ばせたまま眠っている。しかしそれをベンチャーが利用できない。カネがベンチャーに流れる仕組みも未発達である。

技術も大企業に蓄積されている。多くの特許を大企業が握っているため、ベンチャーが製品開発をしようとすると、大企業の特許に抵触する。技術使用を許諾してもらおうと思っても、大企業が首をタテに振らない。かくして新事業立ち上げに必要な経営資源は日本では大企業に偏在し、それを必要とするベンチャーには回ってこない構造なのだ。

しかしもし、その大企業が社内でベンチャーをインキュベート（孵化）しようと気持ちを切り変え、社内起業家を本気で育て支援すれば、容易にベンチャーを輩出できよう。イントラプレナーを輩出できたら、日本は大企業発のイノベーションを起こすことができる。

新浪のように威勢のいい若者に手を挙げさせ、経営教育を施したうえで、ＯＪＴで子会社トップを経験させ、メンターを配置して全面的に応援する。そんな社内ベンチャーを育てる環境を、大企業なら作れるはずである。実は新浪もローソンで当初からそうした人材育成に力を入れてきた。

「僕の中には、三菱商事時代からの人を育てるDNAがあるから」

「とにかく人材育成にはカネをかけてきた。教育・研修には年間数十億円も投じている。裏を返せば、これをやめちゃえば大幅増益になるんだよ。年二回、三泊四日のリーダー研修をやっていて、『あなたが新浪剛史だったら?』という前提で、社長としてのフレームワークを理解させている。三年目になると新浪剛史みたいなやつも出てくるんだよ(笑)。……『人材投資』というバランスシート上には見えない資産を強くすることが、継続的な成長につながると信じている」

アントレプレナーに寄せる期待は大きい。とはいえ日本で孫正義のような起業家の輩出はあまり期待できない。しかしイントラプレナーならば、日本に向いているはずだ。

日本にイノベーションを起こし、日本を変革するために育成すべき人材は、新浪のような大企業の社内起業家なのである。

第6章

言霊パワーを駆使するビッグビジネス・リーダー

岡藤正広

Masahiro Okafuji

1949年生まれ。
1974年：伊藤忠商事入社
2010年：代表取締役社長に就任
2012年：業界3位となる
2013年：ドール社の2事業を買収
2015年：CITICグループへ出資。非資源事業の純利益で業界1位となる
2016年：純利益でついに業界1位となる

「ひとりの商人、無数の使命」

「言霊《ことだま》パワーの経営者」

伊藤忠商事の岡藤正広社長の記録を読みあさって、まず浮かび上がった最初のイメージがこれである。言霊という言葉におどろおどろしい意味合いはない。『広辞苑』によれば「言霊」は「言葉に宿っている不思議な霊威。古代、その力が働いて言葉通りの事象がもたらされると信じられた」とあり、「言霊の幸《さきは》ふ国」とは「言霊の霊妙な働きによって幸福をもたらす国。わが国のこと」とある。

伊藤忠商事は世界に一一万人の社員（二〇一五年、他に臨時雇用三万人）を抱えるビッグビジネスである。中小企業なら、人の尻を直接叩いてでもマネージができる。しかし大組織は異なる。言葉にこだわり磨き上げ、心に沁みる言葉で人を動かす。この言霊の力を最大限に駆使することなくしてマネージする方法はなかろう。伊藤忠の岡藤は「言霊の幸ふ会社」を目指している、そう思える。

岡藤は、二〇一四年六月の株主総会で新コーポレートメッセージを自ら発表した。メッセージ作成とこの広告制作の予算規模は一〇億円と伝えられ、力の入れようがわかる。新聞の全面広告でシリーズ展開されたメッセージは次のように書かれている。

「ひとりの商人がいる。そしてそこには、数限りない使命がある。

岡藤正広

伊藤忠商事の商人は、たとえあなたが気づかなくても、日々の暮らしのなかにいる。

…商人として、人々の明日に貢献したい。なにか大切なものを贈りたい。

…人をしあわせにできるのは、やはり人だと信じているから。

だから今日も全力で挑む。それが、この星の商人の使命。伊藤忠商事。」

これに続くシリーズ広告の第一弾は「八人の商人」と題して、伊藤忠の社員の仕事ぶりがユーモアを交えて描かれる。大きな本人のイラスト画とともに。そして八人目に登場したのが、岡藤社長自身である。しかも小学生の頃の姿がイラストで添えられている。

「白いシャツの下の小さな肩。やや緊張した表情で、まっすぐこちらを見つめている。この少年が、のちに日本の総合商社、伊藤忠商事の社長となる。岡藤正広。関連会社三五〇社以上、グループ従業員数、約一〇万人。挑戦を恐れない社員の気質から『野武士集団』と呼ばれる組織を率いるボスの、少年時代の姿だ。

…伊藤忠商事入社以来、繊維部門の営業一筋。繊維業界で圧倒的な実績を残し、その手腕を買われて社長に就任。まずまっ先に、無駄な会議と資料をバッサリ半分以下に減らした。『座っているだけで商売などできるか』。さらに無駄な残業も禁止した。結果的に営業の現場へ足を運ぶ時間が生まれ、顧客としっかり向き合えるようになる。それは伊藤忠商事の強みである徹底した現場主義の強化につながる。痛快な決断を下す姿に、あの頃の面影が重なる。

…小学生の頃は、まわりでケンカがあるたび人間をじっくり観察していた。だからだろうか『判官びいき』だ。スポーツを観るときも負けている方を応援する。上の人間には厳しく当たるが、できない部下ほどかわいがる。『出来上がってしまった一番手より、二番手が断然、いい』。ライバルを作ってそれに向かっていくことが人生の糧だ。だから伊藤忠に入ってよかった、と笑う。御三家の一角に食い込む、とはっきりと目標を掲げ、それも達成した。

…そして何十年たった今も、少年は歩き続けている。商人たちを率いて、ひたすら先へ。商いで、より良い明日をめざして歩く。

日本の商社は、おもしろい。

伊藤忠商事は、私です。」

手の届く目標で社員を鼓舞する

このシリーズ広告は二〇一四年日経広告賞で、大賞に選ばれる。審査対象となった並み居る一三七一作品の中から、最高の評価を受けた。

通常、大企業の社員が自ら「商人」と名乗ることはない。「ビジネスパーソン」や「企業人」といった言葉が使われることが多いだろう。

では、あえて商人という古典的な言葉を使って、岡藤が込めたメッセージは何なのだろうか。

伊藤忠商事の創業者・伊藤忠兵衛は近江商人であり、「商売は菩薩の業」と信じていた人である。近江商人を特徴づける有名な「三方よし（売り手よし、買い手よし、世間よし）」の実践によりどころを求め、伊藤忠の原点となった。

岡藤がよく口にする言葉が、「慢心するなかれ」である。

岡藤は「大企業のビジネスパーソン」といったエスタブリッシュされた「上から目線」ではなく、「商人」という謙譲のニュアンスに乗せて、顧客に向き合う地道な現場主義を説く。

「総合商社は一括りにされているけど、良く見ると違う。財閥系と非財閥系は違う。それをもっとわかりやすく打ち出していくことが僕は必要と思ったんです」

市場地位でいうと、財閥系はいわば公家、伊藤忠は野武士だという。

そして商売のキーワードである「か・け・ふ」も、岡藤が自ら考えた。商売は「稼ぐ、ムダを削る、リスクを防ぐ」こと。この商売の基本を地道に実行することで、既に伊藤忠が御三家の地位に上がった今日、「出来上がってしまった一番手」に立ち向かおうとする。どんな苦難があってもライバルを作って立ち向かう、それが「人生の糧」だと。

「二番手が断然、いい」という。「御三家の一角に」の次に掲げた目標は「非資源ナンバーワン商社」。資源事業で莫大な利益を上げてきた三菱・三井という二強商社の中で、非資源事業の純利益でＮｏ．１になろうという。この目標は二〇一五年三月期に達成した。そして岡藤は今、「御三家ではなく二強になりたい」と言っている。その本意は三井物産が資源事業で利益を落とす中で、ゆくゆくは商社Ｎｏ．１を狙うと宣言したのだ。

これらのメッセージには、岡藤の基本となる姿勢と意欲が込められている。先のシリーズ広告も、岡藤が企業ブランディングの必要性を強く意識して始めたものである。きっかけは「業界三位」に定着する気配が濃くなった二〇一三年のことだという。安定しようとする空気を壊したい。メッセージが向けられたターゲットはもちろん社員である。

伊藤忠にはもともと「豊かさを担う責任」という企業理念があった。しかし岡藤は「今の時代にふさわしいフレーズで浸透させよう」と思い立つ。

「これでもういいという慢心が一番のリスク。三番手は上のグループに入れるか、ずるずるっと落ちていくかの分かれ目。これを全社員にわからせないかん」

こう考えた岡藤は、一流のクリエイターを集め、コーポレートメッセージをまとめさせたのだ。

商社Ｎｏ．１を目指す！

岡藤の言葉へのこだわりは、戦略の実践面でもいかんなく発揮される。内外にメッセージを発信する時に常に意識するのは、その先にいる相手がどう受けとめるか、である。

「わかりやすく、人の記憶に残るようにしないとあかんな」

言葉は短く、ポイントは最大三つまで。過剰な言葉では、伝えたいことが伝わらない。

例えば、二〇一〇年に社長に就任してすぐ打ち出したのは「業界三位を目指す」というフレーズだった。当時の業界三位は住友商事だが、事務方は表現をマイルドに「業界上位を目指す」にしようとした。これを岡藤は一喝した。

「それじゃ伝わらないだろう」

万年四位だった伊藤忠が、一つ上の三位を目指すという強い思いを乗せたい。そして実際に岡藤の言葉として社内に伝わったのは、「住商を抜く」というストレートな表現だった。

この言葉はひと時、社員の間で流行った。若手社員たちが社内イベントなどで、寸劇の台詞として面白おかしく使った。結果として、二〇一二年三月期には連結純利益で財閥系上位三社の一角・住商を抜き、伊藤忠は業界三位になる。しかし岡藤は休むことなく、上位二社（三菱と三井）を射程に入れた。それが先に紹介した企業ブランディングである。

ある中堅社員は言う。

「頑張れば手が届きそうなわかりやすい目標をあえて設定している。それを達成させることで社内の士気を高めている」

岡藤のこうした執念は、二〇代の営業経験で味わった悔しさから来ている。

岡藤は大阪に生まれ育つ。大阪が好きで、大阪を拠点にしていた伊藤忠を就職先として選ぶ。しかし伊藤忠は、大手財閥系商社と比べて格下の扱いを受けていた。岡藤の先輩たちも「財閥系は格が違う、客先も一目置いている」と達観するだけだった。自ら選んで伊藤忠に入った岡藤は、憤慨する。

「ちゃうやろ。非財閥系だから駄目とかじゃなく、相手がもうかる商社機能を提供できるかどうかやろ」と。

「か・け・ふ」という三文字の社内標語にも岡藤の思いがこもっている。

この標語が生まれるきっかけは、社長に就任してまもなく、じっくり見た会社の決算書である。無駄と見える経費の多さに、あらためて驚いたのだ。無理もない。役員も社員も数多い会議に時間を割かれ、スタッフは厚い資料の作成に忙殺されていた。

とはいえ「経費削減」という言葉では、当たり前すぎて面白みがない。「もっと相手に伝わるように言い換えられないか」。行き着いたのが「か・け・ふ」だった。「考え事はトイレや風呂の中が一番や」と岡藤は笑う。

単純で短いメッセージは組織の隅々に伝わりやすい。だから社員も意識するようになる。「か・け・ふ」の効果か、二〇一一年度には会議の時間と資料の量が二〇〇九年度比で六割減った。そして「Earn、Cut、Prevent」に英訳され、伊藤忠が事業買収した青果物大手米ドール・フード・カンパニーにも広がった。同社の経営陣が共感して使い始めたのだという。シンプルなメッセージは国境を超えた。

中国を面で包み込む戦略

外部のコピーライターにコーポレートメッセージの制作を依頼すると、きれいすぎるコピーができあがる。しかし社員がそれを見て白けている、という事例を見かけたことがある。コピーが世の中で知られるようになるほど、社員の違和感がますます高まる。だからメッセージで共感をつかみ取るのは簡単ではない。

コーポレートメッセージには、全社戦略の方向性が描きこまれることが多い。それが「社員に肚落ちする戦略」でないと、組織の力にならない。だから「商社Ｎｏ．１」を目論む岡藤は、目に見える具体的な戦略カードをいくつも切った。

その最強のカードが二〇一五年の年頭に発表された、タイの財閥チャロン・ポカパン（ＣＰ）グループと折半で行う、中国最大の国有企業・中信集団（ＣＩＴＩＣ）グループへの出資である。ＣＰと六〇〇〇億円ずつ、計一兆二〇〇〇億円の大型投資である。[1]

中信集団は、一九七九年に鄧小平・元国家主席の指示の下で、改革開放路線の対外窓口として設立された。初代会長兼社長となった栄毅仁は、後に国家副主席まで上り詰めた人物で、中国共産党と近い。

中信集団は、連結総資産約八〇兆円（二〇一三年一二月期）で、連結純利益は約七三〇

1 具体的な投資先は、CITIC の子会社である中信（CITIC リミテッド）になる。

〇億円に達する（ただし業績数字は未監査）。傘下に中国最大の信託銀行と証券会社を抱え、第七位の銀行も擁する。連結総資産の九割を金融事業が占め、残りは主に不動産事業や資源・エネルギー事業を抱えるコングロマリットである。まさに中国経済の動脈を握る国策企業といえる。

その中核会社ＣＩＴＩＣリミテッドは、香港市場の上場会社である。しかし二割もの株式を外国資本が握ることは、これまでの中国の常識ではあり得なかった。

中国では国有企業への民間出資は、三〇％を超えないのが暗黙のルールである。上場しているので、すでに株式の約二〇％を民間が持っている。したがって伊藤忠とＣＰへの割り振りは、一〇％が限度だった。しかし岡藤は持分法の適用対象となる、つまり連結決算に純利益の一部を取り込める二〇％出資にこだわった。

「総合商社トップになるにはこれを逃す手はない。『伊藤忠一〇〇年の計』の発想で考えろ！」。岡藤は社内に厳命を下した。

例外を求める伊藤忠に当初、国有企業所管の中国財政省は激怒したという。

これを覆した勝因はいろいろある。

一つは、習近平指導部が進めている国有企業改革だ。改革の背景には、一部の官僚や国有企業の利権構造によって、中国の格差が拡大した現実がある。今日、中国の経済減速の中で、経済格差は国民の不満爆発の種になっている。したがって習政権は汚職の摘発と共に、公共投資と利権に依存しない国有企業への改革に乗り出しているのだ。

ＣＩＴＩＣの常振明董事長は、親しい間柄の習主席から「国有企業改革の第一号の成功例となり、改革を先導してほしい」と指示を受けていた。その改革に外資導入のオープン政策も含まれる。常董事長は財政省に掛け合い、李克強首相にも直談判したという。この結果、伊藤忠・ＣＰ連合の出資を例外扱いする確約が得られた。

もう一つはＣＰグループの存在がある。ＣＰはもともと華僑の流れをくむ企業で、ＣＰのタニン・チャラワノン会長兼ＣＥＯは「謝国民」の中国名をもち、習氏に最も近い華人として知られている。一九七九年には、中国参入の外資企業第一号として認められた。今日、中国最大の外資系企業となり、中国首脳部とのパイプは太い。そしてこのＣＰと伊藤忠は、二〇一四年に株式の持ち合いを行い、関係を強めていたのだ。

これに絡んで面白いエピソードがある。それはＣＰとの交渉の時のこと。謝ＣＥＯは、交渉団の中に風水師をひそかに紛れ込ませ、岡藤との会食に臨んだ。

「岡藤さんの人相は素晴らしい」

風水師は会食後に、岡藤の人相をこう評したらしい。

「後で知ったけど、彼らは大事な交渉のときに必ず相手の顔相を占う。僕はおでこが大きいし、あんまり髪もないし、福耳だから合格した。僕が日本でもてる顔やったら、この話は進まんかった」

彼らは岡藤に対して、次のように評価している。

「岡藤社長は非常に優秀な企業家だ。まさにアントレプレナーであり、際立った素質を備えている。決断力があり、見極めたら思い切って前へ進む。未来に対する判断について、われわれはコンセンサスを持っている」（ＣＩＴＩＣ常董事長）

「一般的な日本企業は比較的保守的だが、伊藤忠は非常に革新的だ。三大商社の一角である伊藤忠は業界のトップになる可能性を十分に秘めている。岡藤社長は伊藤忠を、世界経済の発展に影響力を与える企業に押し上げることができる、と確信している」（ＣＰ謝ＣＥＯ）

この交渉にはもちろん伊藤忠の実績も貢献した。伊藤忠は一九七二年に中国友好商社第一号に指定されている。また民主党政権下では、伊藤忠元社長・丹羽宇一郎が中国大使も務め、中国との人脈を深めてきた。交渉の際には、「中国の発展のためにかいてきた汗の量」を記した膨大な資料を作成した。こうして中国首脳の説得工作に成功したのである。

とはいえ、伊藤忠にとって一件で六〇〇〇億円の投資は、二〇一四年の日本の対中国投資年間総額を上回る金額であり、また伊藤忠の純資産の約四分の一に匹敵する巨額なものである。岡藤は記者会見でこう言い放った。

「生活消費関連に力を入れる我々としては、（内需が拡大する）中国を抜きには語れない。『虎穴に入らずんば虎子を得ず』だ」

図表 6-1

GDP 世界成長率 IMF 予測

（IMF2016年4月改訂値、%）

地域／年	世界合計	先進国計	米国	ユーロ圏	日本	新興国計	中国	インド	ASEAN5	ブラジル	ロシア	アフリカ
2007	5.2	2.7	2.1	2.7	2.3	8.3	13.0	9.4	6.3	57.0	8.1	7.1
2008	3.0	0.5	0.4	0.6	-1.2	6.1	9.6	7.3	4.7	5.1	5.6	5.6
2009	-0.7	-3.7	-3.5	-4.3	-6.3	2.8	9.2	6.8	1.7	-0.6	-7.8	2.8
2010	5.3	3.2	3.0	1.9	4.4	7.5	10.4	10.6	7.0	7.5	4.3	5.3
2011	3.9	1.7	1.8	1.5	-0.6	6.2	9.3	6.3	4.5	2.7	4.3	5.3
2012	3.4	1.2	2.3	-0.7	1.5	5.1	7.7	4.7	6.2	1.0	3.4	4.4
2013	3.3	1.1	1.5	-0.3	1.6	5.0	7.7	6.9	5.1	2.7	1.3	5.2
2014	3.4	1.8	2.4	0.9	-0.1	4.6	7.3	7.3	4.6	0.1	0.6	5.0
2015	3.1	1.9	2.4	1.6	0.5	4.0	6.9	7.3	4.7	-3.8	-3.7	3.4
2016	3.2	1.9	2.4	1.5	0.5	4.1	6.5	7.5	4.8	-3.8	-1.8	4.0
2017	3.5	2.0	2.5	1.6	-0.1	4.6	6.2	7.5	5.1	0.0	0.8	4.0

*Asean5 ＝ タイ、マレーシア、インドネシア、フィリピン、ベトナム
* アフリカ ＝ sub-Saharan Africa（サハラ砂漠以南のアフリカ諸国）

〈図表6－1〉はＩＭＦの世界ＧＤＰ予測である。二〇一六年四月時点でＩＭＦは世界の成長率を三・二％（二〇一六年）～三・五％（二〇一七年）と予測している。先進国の合計では二％前後、新興国は四％台である。先進国ではアメリカがかろうじて二％強と好調だが、日本は〇・五～マイナス〇・一％と低迷している。

新興国でどこの威勢がいいかといえば、やはり中国である。下がったとはいえ、六％台。成長率ではインドが中国を抜いたが、インドのＧＤＰはまだ中国の五分の一程度に過ぎない。チャイナ・インパクトは今もって、強烈なのである。もちろん中国の中長期の予測については、意見が分かれる。とはいえ一三億七〇〇〇万人もの人口を抱え、中国経済がこれから消費中心で推移していくことは間違いない。伊藤忠が飛び込んだ虎穴に潜む虎子は、とんでもない大虎なのだ。

中国国有企業への巨額投資という歴史的な提携にもかかわらず、金融市場の反応は当初冷ややかだった。提携発表の二〇一五年一月二〇日、伊藤忠の株価は前日比で一時四・六％下落する。債券市場では、ムーディーズ・ジャパンなどが同社を格下げの方向で見直すと発表した。ＣＩＴＩＣは中国経済そのものである。そうした市場の不安が反映された。

収益の三割を中国ビジネスで稼ぐ

一方で三社の提携が発表されると、伊藤忠社内はすぐに動き出した。「シナジー経営会議」（仮称）が、三カ月に一度、三社の経営幹部が集まって開かれることになった。それぞれが進めるアジアのあらゆるプロジェクトの情報を俎上に載せるという。期待が高いのは、もちろんCITICからの情報だ。CITICは、国有企業として鉄道や発電所など中国政府が世界中で進める投資案件の多くを請け負っているからだ。

特に習主席は、アジアインフラ投資銀行（AIIB）を設立し、AIIBは中国主導でアジア全域のインフラ投資支援を手がけるはずである。そしてそのAIIBはCITICから複数の幹部の受け入れを決めている。CITICがもたらす恩恵に、ますます期待が高まる。

「情報と人脈は中国ビジネスのインフラだ。お金に換えがたい価値がある」と岡藤は話す。担当者レベルではすでにさまざまなアイデア交換が始まっている。「我々が中国人の消費行動を変えよう」がスローガンである。

例えば、コンビニエンスストアは一大テーマとなる。伊藤忠は日本などでファミリーマート、CPはタイでセブン-イレブンを運営する。中国ではまだ大手チェーンの店舗が限られ、未成熟だ。両社のノウハウにCITICの金融が加われば、「コンビニが大衆向けの金融ワンストップサービスの拠点になる」と考えられている。

食の安全・安心問題への対応も焦点の一つとなる。中国では国産の食品や飲料への不信感が根強い。CITICは中国政府から、食の安全確立への法整備に向けた貢献が期待されている。伊藤忠は日本の食品安全法制の情報などを提供することができ、中国の法整備に間接的に関われる可能性がある。

伊藤忠とCITICだけの提携では、日中関係に大きく左右される不安がつきまとう。伊藤忠とCPだけならば、中国の情報と人脈への食い込みが足りないだろう。またCITICとCPだけでは商品や事業の広がりに欠けると考えられる。三社の絶妙なバランスのうえで、伊藤忠の「商人」としての中国展開が進むことになる。

中国では腐敗撲滅運動の影響から、投資案件の進捗が停滞し、現在は様子見の状況にある。このこともあって、CITICプロジェクトの未来は予断を許さないが、伊藤忠の描く戦略のイメージが先行プロジェクトから読み取れる。それは同社が、やはり巨額資金を投じたドール買収プロジェクトである。

二〇一三年四月、伊藤忠はドール社の二つの事業を一三〇〇億円強で買収した。バナナなどの青果物をアジアで生産・販売する事業と、フルーツ缶詰やジュースといった加工食品を世界七〇カ国で展開する事業である。ドール本体から見ると主要事業を伊藤忠に一部切り売りした格好で、欧米の青果事業は引き続きドール本体が手がける。

「ドールという世界ブランドをテコに、日本国内が中心だった食料事業をアジアに広げる」（伊藤忠幹部）

パイナップルやバナナなどで有名なドール・ブランドを使って、横展開を計画している。

このプロジェクトの責任者は繊維部門の出身で、米人気スポーツシューズ「コンバース」の日本独占販売権を得て、ブランドを育てた人物である。ブランドビジネスのノウハウをドールに生かすために、繊維部門のスタッフが食料部門に異動した。

一般に商社は縦割り組織で、最初に配属された部門で会社人生を終えるというパターンが多い。しかしこれでは総合商社のメリットが生かせない。単なる「集合商社」という批判をかわすためにも、異なる部門で培われた経験やノウハウを横展開し、シナジーを引きだすことが求められている。

ドールのバナナは、無名の中国産バナナに比べて二倍の高値がつく。ドール・ブランドを日本のフルーツなどに付ければ、価格競争に巻き込まれないバリューチェーンを構築することも可能というわけだ。

同様の展開が既にＣＩＴＩＣ絡みで始まった。二〇一五年夏、伊藤忠の繊維部門でブランドビジネスを手掛ける部長級の幹部二人が香港に渡った。共同事業を進めるアパレル大手、波司登《ボシデン》に出向するためである。

中国では国外の有名ブランドの人気が高い。両社が狙うのが、伊藤忠が中国で販売権を持つ米雑貨ブランド「アウトドアプロダクツ」である。まもなくボシデンの店舗で、人気のナイロン・バッグの販売がスタートする。

「中国の消費者は量から質を求めており、市場はまだまだ伸びる」と岡藤は言う。

また伊藤忠は、中国で日本製品のインターネット通販事業にも参入する。この事業はCPやCITICに加えて、中国携帯最大手の中国移動通信や上海市の政府系投資会社を加えた五社の共同出資で進められる予定である。既にEC会社「見見面」（フェース・トゥ・フェースの意）の設立で合意した。

中国ではネット通販が急速に普及し、二〇一四年の取扱高は五〇兆円を超えた。その規模は日本市場の四倍以上である。過半のシェアを握るのはアリババだが、これまで数々の日本企業が挑戦したものの成功していない。二〇一〇年に参入した楽天は価格競争に巻き込まれ、わずか一年半ほどで撤退した。ファッションECサイト「ゾゾタウン」を展開するスタートトゥデイも中国のサイトを二〇一三年に閉鎖している。

今回の計画の強みは、中国移動を巻き込んだことである。中国移動は約八億人の携帯ユーザーを持ち、顧客にさまざまな形でアプローチしてサイトへの誘導が可能だ。

また上海市政府をパートナーに加えたことも、もう一つの強みである。粗悪品に対する中国の消費者の懸念は根強いものがあるが、上海市政府が商品保管などを手掛けるため、「消費者の安心感を高められる」との期待がある。

日本のメーカーも「日本の商社が関与するなら」と、「見見面」に高い関心を寄せる。「現在、中国事業の収益に占める割合は一割程度だが、これを三割程度に引き上げる。挑戦者としては、巨大な中国市場を避けて通ることはできない」（岡藤）

商社ビジネスの変遷

「商売の秘訣」とは何かと問われると、岡藤はいつもこう答える。

「簡単です。それは、『お客さんに儲けてもらうこと』です」

自分が儲けるためには、自分を起点に儲けの仕組みを考えてはいけない。まずお客が儲かる「買ってよし」が大事だ、と。

そのことを岡藤は、若い頃のこんな経験から学んだ。

取引先のテーラーが紳士服の生地の展示会を開催した時のこと。ホテルの展示会に来るのは当然男性客ばかり、と岡藤は思っていた。しかし実際には奥さんや娘さんが大勢来て、驚かされる。父親や夫の紳士服を選ぶのは女性たちだったのだ。ここで岡藤は、会社にとって「本当のお客」は誰かということに気づく。本当のお客さんは、目の前の相手ではない場合もある。そこで女性に人気のあるフランスの高級ブランド生地を仕入れることを思いつく。イヴ・サンローラン。これが岡藤の成功体験の一つとなった。

ドラッカーはトップの仕事①として、「顧客は誰か?」「顧客の価値とは何か?」を問い続けることといったが（7ページ参照）、岡藤の経験はこれを地で行く話だ。

もう一つ、生地の取引で気づいたことがあった。財閥系と非財閥系の商社との間では売り方がまったく違っていたのだ。その頃の伊藤忠は、生地の買いつけに海外まで顧客に同行して、取引に少しでも食い込もうとしていた。気に入られることが重要で、主導権は客側にあった。

しかし財閥系の商社はそうではなかった。顧客の欲しがりそうな有名ブランドの生地の輸入権を得て買い付け、客先に提案した。いわば儲け話を商社側から持ち込み、顧客をリードするのだ。

顧客の要求にただ応じているだけだと、やがて顧客が力をつけてきて自前調達ができるようになった時、「仲介する商社は要らない」となる。いわゆる商社不要論である。

そこで伊藤忠はブランドのライセンス管理に乗り出す。海外ブランドから、ライセンス権を買い、国内のさまざまなメーカーに供与する元締め機能に乗り出した。これは一時、成功を収めた。しかしやがて新たなリスクが生まれる。

ブランドビジネスが乱立するようになると、経営難に陥るところが出てきた。あるいは他のブランドから買収されて営業政策が変わり、ライセンス供与をストップする事例も出てきた。これがきっかけとなって、伊藤忠は自らブランドを買収し、オーナーとしてマネージする形に転換していった。

岡藤は後に社長になった時、気づく。繊維ビジネスの変化の歴史が、実は商社全体の変遷そのものであることを。

総合商社は、日本固有の業態である。明治維新以降、日本が新興国から先進国に成長を遂げていく過程で、商社は大きく国に貢献した。総合商社が、あらゆる産業分野をサポートする役割を果たしたのである。

日本は加工貿易による製造立国を国の成長政策の柱とした。わが国は資源が乏しかったので、世界から必要資源を輸入し、製品に仕立てて世界に輸出する。そのバリューチェーンのあらゆるプロセスで、総合商社の力が必要だった。世界に情報ネットワークを張り、必要な原材料を調達し、物流ネットワークに乗せて日本に運ぶ。加工を終えた製品は商社のネットワークを通じて日本各地や世界に運ばれた。

さらに商社は金融的なサポートもした。いわゆる商社金融である。かつての日本のメーカーはどこも資金的に余裕がなかった。企業間の取引に商社が絡めば、支払い猶予が得られる。おかげでメーカーは資金の心配をすることなく、製造に集中できた。

商社、特に財閥系の商社のバックには、財閥系の銀行がついていた。その銀行を国が支援した。

これらが総合商社の三つの基本機能といわれる「情報機能」、「物流機能」、そして「金融機能」である。

この「日本株式会社」システムは成功モデルとなり、今日の日本の基盤を作った。

この頃の商社は、文字通りトレーディングの会社だった。しかしやがて日本企業が成長して力をつけてくると、「商社不要論」が勃興する。情報も物流も金融も、もはや自前で手に入れ、商社に頼る必要がなくなったからである。

現実に、例えば鉄鋼メーカーは自ら鉄鉱石や原料炭を調達しようとした。電力会社やガス会社は自らタンカーを仕立て、バース（船の停泊地）を持ち、資源国にアプローチした。

この期に及んで、商社はトレードを守るために、川上利権に手を伸ばすようになる。資源の採掘権や鉱山権を押さえれば、商社から買わざるを得ないからである。あたかも繊維事業で、ブランドのライセンス権を買ったように。

また三菱商事のローソン買収のように、川下にも手を伸ばした。小売業が直接メーカーと取引し、「商社外し」をするところが出てきたからである。小売業の株式を取得して、交渉力を高める必要に迫られたのだ。

総合商社は高い資金調達能力をバックに、川上や川下へと手を拡げていった結果、「トレーディング会社」から、「トレーディングも行う投資会社」に変身していった。

そして今、単に利権を買うだけでなく、伊藤忠が自ら買収した企業を、マネージしようとしている。それは繊維で、ブランドオーナーとしてマネージに乗り出したように。

まだ高い三菱商事の壁？

〈図表6－2〉は三菱商事と伊藤忠の財務諸表を同じ比例縮尺で並べたものである。

まず三菱商事に注目すると、第5章でも述べたが、ＢＳの最大資産が「投資等」であることがわかる。今から一〇年くらい前までは、最大の資産は「営業債権」だった。つまり取引先に供与した資金金融だった。これは先に述べた商社の金融機能の表れである。

しかし今や「投資等」に最も資金を投じている。今日では投資先は川上企業や川下企業だけに止まらない。さまざまな産業分野のバリューチェーンに携わる企業に、幅広く投資している。商社は、今日では広い領域の投資会社になっている。

しかし単なる投資会社のままだと、株式投資信託と変わらない。投資先の業績に振り回され、景気動向に左右される受け身の会社になる。寄せ集めで、シナジーも期待できない。商社がもう一段階進化するためには、やはりマネージする力が必要となる。

例えば新興国に小売業や金融業、情報産業などを持ち込み、産業インフラ全般に関わることができれば、より大きなビジネスに膨らませることができる。それぞれの事業を組み合わせれば、シナジーが期待できる。総合商社には、投資先も含めて大方の事業は揃っている。あと必要なのは、パーツを束ねるマネージの力である。

三菱商事の財務諸表を見ると、トレーディングの利益は「営業利益」に表れる。連結なので、この中には五〇％超の子会社の売上高と営業利益も合算されている。ただし営業利益は当然、税引き前の数字である。

またそれ以外の投資の利益は、〈図表6－2〉のPLの下に抜粋した項目である。

簡単に解説すると、投資先の持ち分が二〇％未満の投資先のリターンが「受取配当金」

図表 6-2

三菱商事（上）vs 伊藤忠商事（下）の比例縮尺財務諸表

（単位：十億円）

（2016 年 3 月期　同一縮尺による）

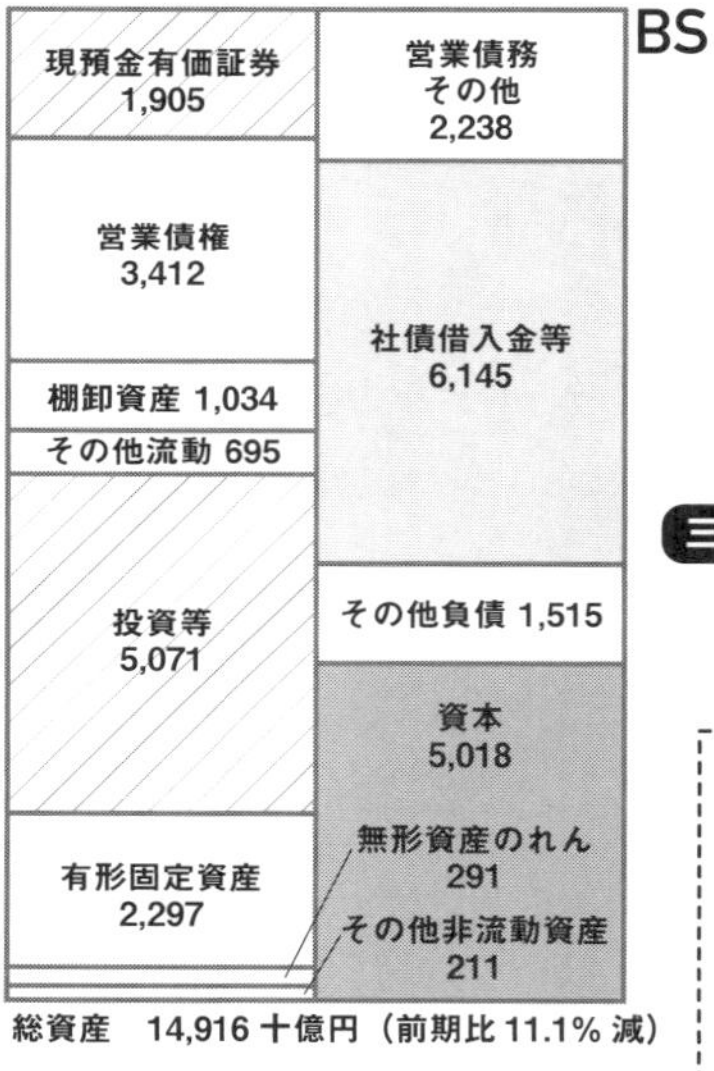

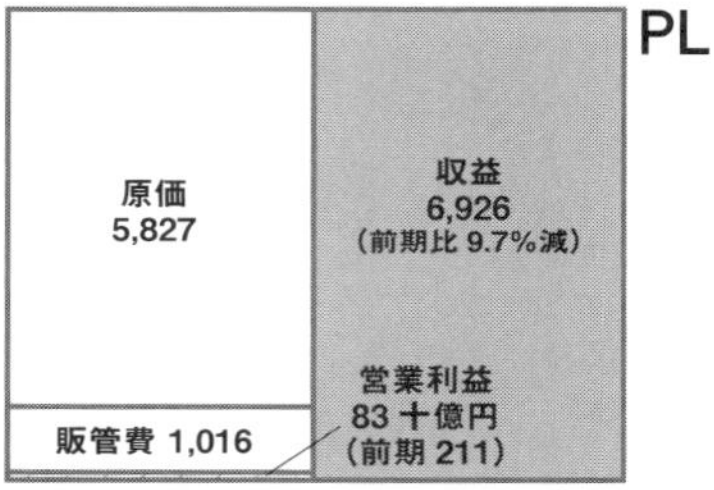

三菱商事

【その他の損益（抜粋）】

受取配当金	216 十億円（前期 383）
有価証券損益	46 十億円（前期 45）
持分法投資損益	▲175 十億円（前期 204）

注

①PL「営業利益」は「売上総利益—販管費」(日本基準と同じ)としている。
②「現預金有価証券」は短期の「その他金融資産」を合算。
③「営業債権」、「営業債務」は長期も合算。
④「投資等」は「持分法投資」、「その他投資」、「その他金融資産」、「投資不動産」を合算。
⑤「社債借入金等」は長短期の「その他金融負債」も合算。

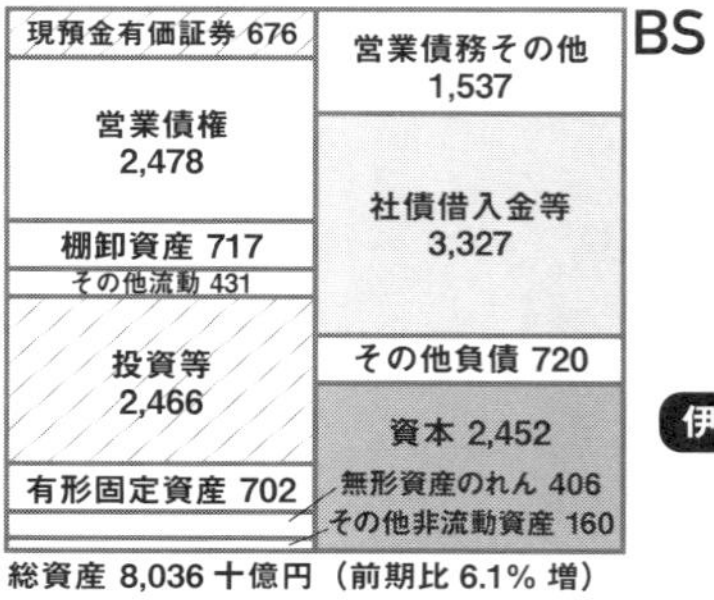

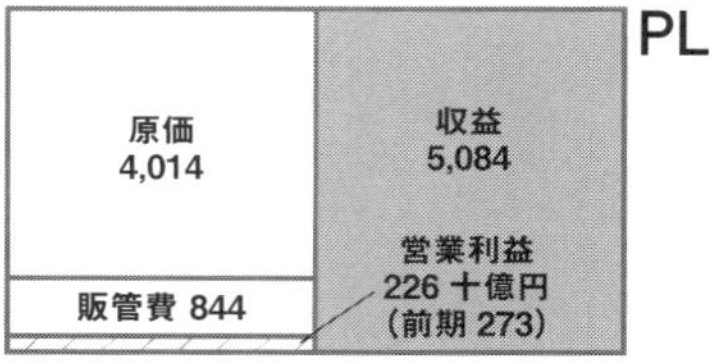

伊藤忠商事

【その他の損益（抜粋）】

受取配当金	37 十億円（前期 14）
有価証券損益	73 十億円（前期 110）
持分法投資損益	148 十億円（前期 10）

である。また持分割合二〇～五〇％の投資先（「関連会社」と呼ぶ）のリターンは「持分法投資損益」となる。配当金は直接支払われる金額であり、持分法利益は「投資先の税引き後純利益×持分割合」の合計額を表している。どちらも税引き後（ネット）の数字である。また有価証券損益は上場株式などの値上がり益、あるいは値下がり損と考えればいい。こちらは税金控除前の数字である。

三菱商事は資源ビジネスの不調から二〇一六年三月期に業績を大きく落としているので、両社を単純に比較することは難しいが、営業利益（トレーディングの利益）では三菱商事が八三〇億円、伊藤忠が二二六〇億円と伊藤忠が圧倒した。しかし受取配当金では三菱二一六〇億円（前期は三八三〇億円）に対して、伊藤忠三七〇億円（前期は一四〇億円）と三菱が大きくリードしている。

三菱商事の持分法投資損益は資源ビジネスの減損などで、巨額赤字に転落したので、こちらも現時点で評価を下すことは難しい。

とはいえバランスシートの「投資等」の金額を比べると、三菱は伊藤忠の二倍以上に達している（有利子負債は約一・八倍）。総資産で約一・九倍、売上高で約一・四倍、自己資本は二倍強と、三菱と伊藤忠の規模に関する差は歴然である。財務体質全体で見れば、三菱は依然として王者といえる。

商社の明暗を分けるマネージ力

このことは岡藤ももちろんわかっている。「三菱、三井は横綱。うちは小結くらい」という。しかし全勝を続けていた頃の朝青龍に勝てなかった白鵬が、やがて平成の大横綱になった例を好んで挙げ、こう言う。

「どんどん胸を借りてチャレンジしていくうちに勝つこともある」

三菱、三井が横綱だとしても、岡藤には商社No．1になる階段が見えている。あるいは社員に「見えている」と思わせる説得力がある。

「うちの強みである繊維の利益三〇〇億円は三菱、三井にはない。それとCITICの取り込み利益[2]が七〇〇億円。計一〇〇〇億円は向こうにないものである。

これで一〇〇〇億円の資源の差を穴埋めできる。あとは他のところでガチンコ勝負や」

岡藤はまたゴルフに例えて言う。

「資源バブルは商社のスイングを壊した。大ぶりではなく基本に忠実にいく」

非資源ビジネスへの注力こそ、近江商人たる「実業」への回帰と言いたいのだろう。

商社は過去の一〇数年、資源高騰の恩恵から資源ビジネスで巨額の利益を得てきた。特に三井物産と三菱商事は、資源ビジネスの純利益の全体に占める割合が七～八割に達する年度もあったくらいである。しかしここにきて、資源価格が暴落し、総合商社は非資源ビ

2 現時点で得られる予想の持分法投資利益のこと。

図表 6-3

5大商社の資源・非資源別純利益

（単位：億円）

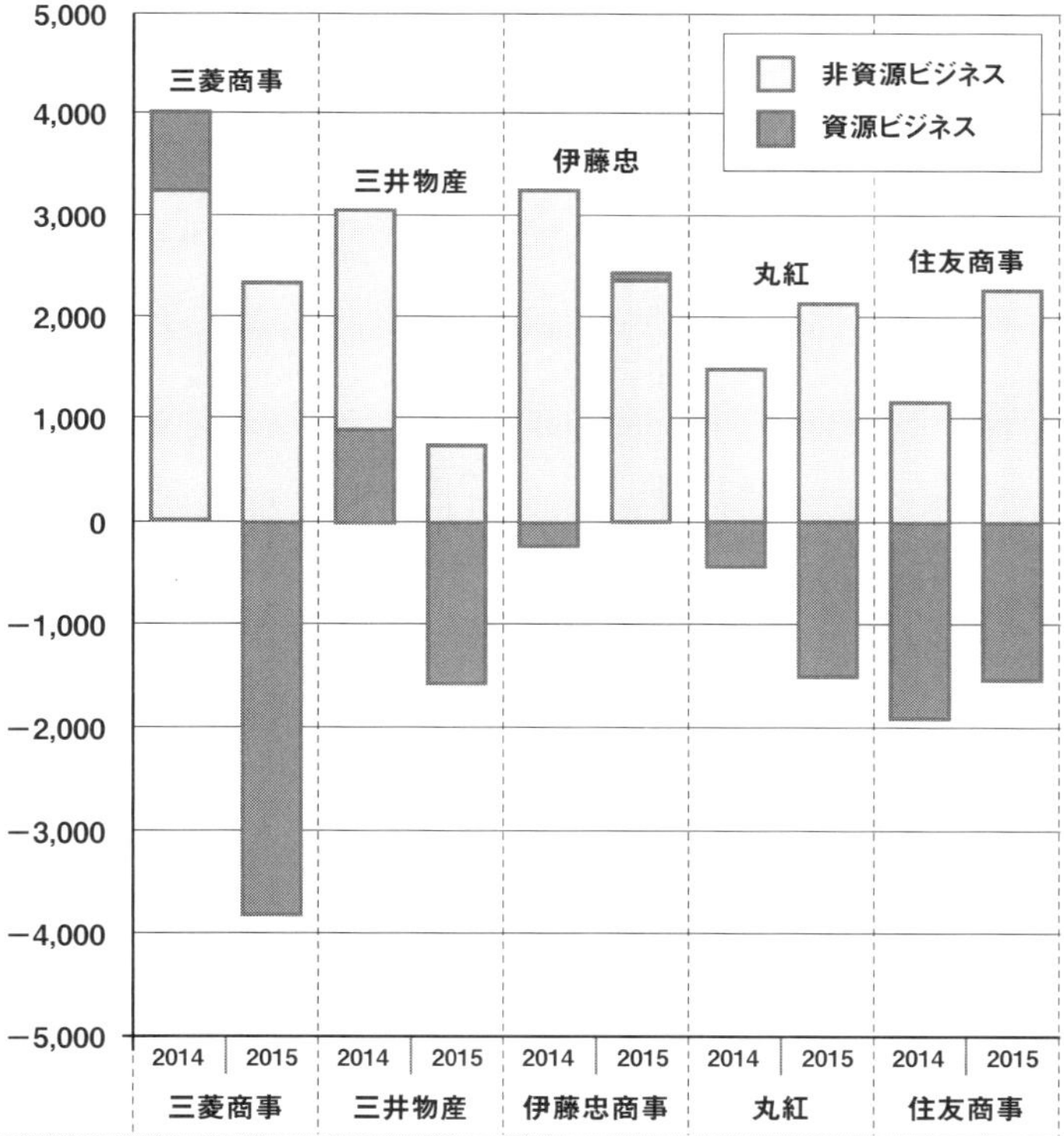

	三菱商事 2014	三菱商事 2015	三井物産 2014	三井物産 2015	伊藤忠商事 2014	伊藤忠商事 2015	丸紅 2014	丸紅 2015	住友商事 2014	住友商事 2015
資源ビジネス	765	−3802	2193	−1554	−236	18	−433	−1508	−1910	−1516
非資源ビジネス	3241	2308	872	720	3242	2386	1489	2131	1178	2261
純利益計	4006	−1494	3065	−834	3006	2404	1056	623	−732	745

（注）住友商事は同社決算短信セグメント別情報の「資源・化学品事業」を「資源ビジネス」とし、それ以外を「非資源ビジネス」としている。他の４社は各社決算説明資料の区分によっている。

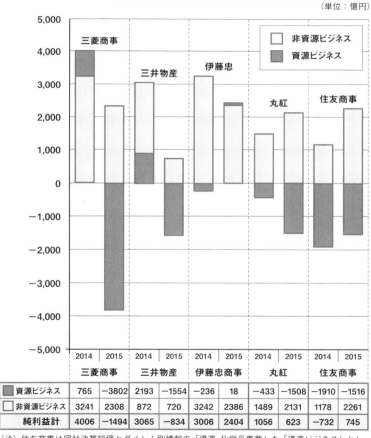

ジネスにウェイトを置かざるを得なくなっている。

〈図表6－3〉は五大商社の二〇一五年度と二〇一六年度の純損益を、資源・非資源ビジネスに分けて表示したものである。

二〇一四年度では、伊藤忠が僅差で非資源ビジネスの利益トップとなった。また二〇一五年度では、三菱商事や三井物産が赤字に転落したため、純利益でトップに立った。しかし、トータルの財務体質では格差があり、ここで岡藤が気を抜くわけにはいかないだろう。これを契機にさらなる高みに伊藤忠を導かなければならない。

岡藤は、海外ブランドの製品や生地をトレーディングしていた頃を商社の「第一期」とすれば、ブランド管理の権利を取ってライセンスビジネスをしたのが「第二期」。そしてブランド自体を買収して、経営に乗り出した頃を商社の「第三期」と見ている。

これからの勝負は、単一の投資案件の経営に止まらず、横展開して相乗効果をあげ、本当の意味での総合商社としての価値を引きだす「第四期」となるはずだ。

第5章でも述べたが、「第四期」の商社はマネージ力の勝負になる。つまり経営能力の高い人材をいかに輩出できるかが勝敗を決する。三菱商事はこの点で先行している。

岡藤も、だからCITICプロジェクトで経営関与にこだわる。それはドール買収の時も同じである。ドールとの交渉過程では過半出資としない議論もあったがはねつけた。

「経営を掌握できなければやめる。これを稼ぎ頭にするんや」

三菱商事が投資先や取引先の企業に経営人材を送りだしているように、繊維ビジネスの分野では伊藤忠も人材供給源となっている。

例えば伊藤忠商事が傘下に収めたジーンズ国内最大手、エドウインには岡藤の薫陶を受けたトップ人材が送り込まれた。岡藤の下には後継者不足に苦しむ国内の繊維・アパレル企業が多く救済を求め、「伊藤忠は駆け込み寺になっている」という。

「ファッションビジネスの再建といえば伊藤忠」は確立しつつあるが、今後はさまざまな事業をマネージできるトップ人材を輩出しなければならない。これが伊藤忠の長期的成長のカギとなるはずだ。

辛い体験が言葉を磨く

岡藤の言葉の匠たる素養は、若い頃の辛い経験から培われた。

岡藤は高校三年の秋に結核を患い、二年間病床で過ごす。ガリガリに痩せ、学校に通うこともできず自宅療養を余儀なくされた。そんな折、不幸は重なるもので、父親がくも膜下出血で倒れ五〇代で亡くなってしまう。

「布団の中で考えました。病気もあるし、もう終わりとちゃうか」

絶望に打ちひしがれていた時、同級生が小さな新聞記事の切り抜きをもってきた。そこには「大成した人は若いころ、大病をわずらったか、親をなくしている」と書いてあった。

「僕の背中を押す言葉を僕以上に知っていました。商売と同じで、人にも元気になるツボがあるんです」

岡藤は聞き上手でもある。「話し上手は聞き上手」とよく言われるが、やはり幼い頃の経験が原点になったようだ。

岡藤が小学生の頃、引っ越したばかりの家が台風で破壊される。瓦は飛び、家がメチャクチャになるのを毛布にくるまった岡藤少年はなすすべもなく、呆然と眺めるだけだった。後になって手抜き工事がわかり、「本当のことを知らないと、ひどい目に遭う」と痛感した。

それからは、友達とのおしゃべりから近所の人の井戸端会議まで耳をすまして聞くようになる。そのうち人が何を求めているか、までわかるようになった。

「商売でいう『ご用聞き』の土台です。近所の人からは『ええ福耳しとる。さわらせてーな』とよう言われてました」

岡藤は四〇歳前後の時にも、危機的な病気を患っている。体の変調を感じたものの、仕事の忙しさにかまけて延ばし延ばしにしていたある日、医師から一カ月の手術入院を宣告される。ちょうどイタリアの高級ブランド・アルマーニの独占輸入販売権を獲得し、まさに勝負をかける時期だった。そのため上司も「何とかならんのか」と困った表情を見せた。

「健康は親と同じ。失ってみて初めてそのありがたみがわかる」

この時をきっかけにして、自らの健康管理はもとより、人生観や仕事に対する考え方も変わった。役員になり、社長になった今、平日はほぼ毎日酒の席、週末にはゴルフと、休む機会がほとんどない。だからこそ、健康管理に気を配るようになった。心身ともに健康であることなくして、良いアイデアも行動も生まれないのだ。

こうした岡藤の思いは、二〇一四年五月から正式導入した「朝型勤務」にも込められている。朝型勤務では、夜八時以降の残業を原則禁止し、早朝の勤務に対して深夜と同等の割増賃金が支払われる。残業するなら朝働くようにと、会社の食堂には無料の朝食が用意される。残業を減らすと同時に、規則正しい生活を促して、従業員の健康を維持する。それが企業の競争力につながると信じているからだ。

「体が頑丈で大病を患ったことのない経営者は、健康は大事と口でなんぼ言っても魂が入ってない。病気になるのは、たるんでるからや、と心では思っている人が多いんじゃないかな」

「一一〇運動」も岡藤が号令をかけた。「一一〇」とは「酒席は一次会まで、午後一〇時にはお開き」の頭文字にならったものだ。

幅広いビジネスを展開する商社にとって、取引先との関係を円滑にする交際接待は商談になくてはならないものだ。しかし岡藤はいう。

「商慣行が変わったのは確か。だらだらと二次会、三次会とやれば、かえって取引先の迷惑になりかねない」

「言霊の幸ふ会社」を目指して

岡藤が高校時代に背中を押された言葉、「大成する人は、若い頃大病をわずらった…」というのは、真実だろう。挫折の経験によって人の痛みを知り、人への配慮が厚い。経営学者加護野忠男が言うように、経営者は「人の気持ちの専門家」でないと務まらないのだ。

岡藤が繊維事業の課長時代には、こんな経験をしている。

ある時、取引先に納めた紳士服のブランド生地が、売れずに在庫の山になっているのを知った。ブランド生地は価格の維持が生命線で、売れ残ってもバーゲンできない。そこで伊藤忠の国内支店を回って、各支店の社員や取引先にさばくことを思いつく。釧路から鹿児島まで、日本中の支店を回って売りまくった。

そこで岡藤は別の収穫を得る。支店の苦労を自分の目で見ることができたのだ。例えば、釧路支店は所長と若手の二人だけだった。お客さんは地元の漁業会社で、彼らは船に一緒に乗り込んで仕事を手伝い、苦労を重ねて支店の利益を稼いでいた。

「本社の人らとえらい違いや。何とかしたいな」

支店の人と酒を酌み交わしながら、岡藤は心からそう思った。

「社長になった今、アフリカなど環境の厳しい場所で働いている社員やその家族を精いっぱい大事にするよう心がけています」

総合商社はビッグビジネスである。しかも「ラーメンから人工衛星まで」幅広い事業を束ねる、世界で例のないコングロマリットだ。全社の方向性を一括りで描くことには無理がある。一人ひとりの社員が、自分の与えられた現場で顧客と向き合い、考え工夫し、行動を起こしていくしかない。そして自分のビジネスを社内に、取引先に、あるいは世間に広げ、つなげていく役割を持っている。だから「一人の商人、無数の使命」なのだ。

「経営でも、僕は『経営ビジョン』というのが、いま一つ好きじゃない。一〇年後、二〇年後の自社の目標を掲げてというけれど、先の見えない未来のことに言及しても、当たる確率はほとんどないよね。まあ、商社も昔から、五年後、一〇年後のビジョンみたいなのを掲げてきましたけれど、当たったためしがないよな（笑）。みんな掲げる時は一生懸命考えるんだけど、後で検証したことあるのかな。昔のビジョン通りになっていたら、今頃ごっつう儲かっているはずですよね」

もちろん長期的視点の大切さは、岡藤もわかっている。しかし実現できる目標を掲げて、一人ひとりがコツコツ達成していくことが大切だという。積み重ねの結果が、頂点につながる、という経営スタイルが大事だと。

「商社の経営は水みたいなもの。容器に合わせる。社員はどんどん外に出て顧客や市場の変化をいち早くつかんできてほしい」

岡藤は伊藤忠の容器を拡げてきた。それがブランドビジネスであり、ドールであり、CＩＴＩＣである。そして泳ぎ方の基本を伝える。それが「三方よし」の近江商人の心得であり、「か・け・ふ」であり、「商社Ｎｏ．１」である。

しかし最後のひと踏ん張りには、社員の「背中を押す言葉」が要る。それが「一人の商人、無数の使命」。病床で実感した言葉の力を、岡藤は知っている。

二〇一五年一二月、三菱商事が社長交代を発表した。小林社長が次期社長に垣内威彦を指名した理由をこう語った。

「注目したのは自分の信念、言葉で組織を動かせる能力」

小林が強烈に意識したのは、岡藤の存在ではなかろうか。

伊藤忠の社員は、岡藤の言霊の霊妙な働きに導かれて、「言霊の幸《さきは》ふ会社」へと誘われていく。まさに岡藤はビッグビジネスのトップにふさわしい経営のプロといえよう。

「今、社長として経営をしていて改めて思いますけれど、やっぱり現場の醍醐味というのは、仕事の反応がお客さんを通して直接わかることに尽きます。努力したら、その分結果が返ってくる。これが、僕が商売をやるうえでの一番の活力になっていました。

だから、皆さんにも、ぜひ現場に足を運んで、お客さんと会って、死ぬほど考えて儲けの仕組みをひねり出してほしいと思います。そして、その結果で一喜一憂しながら、実績を積み重ねていってほしいですね。続けていけば、いつの間にか、自分が目指していた目標に到達しているはずです。

人生、いろいろあると思うけどな、やっぱり最後は自分がどう考えるかですよ。まあ、みんなもとにかく頑張ってくれよな」

商人たち、頑張れ！

第7章

お客と社員の「おもてなし」プロフェッショナル

星野佳路

Yoshiharu Hoshino

1960年生まれ。
1986年：米国コーネル大学ホテル経営大学院修士課程修了
1987年：日本航空開発（現JALホテルズ）に就職
1989年：星野温泉入社。半年後退職。シティバンク入社
1991年：星野温泉再入社
1995年：星野温泉から星野リゾートに社名変更
2004年：アルファリゾート・トマム（現星野リゾート トマム）の再生を引き受ける
2005年：旅館の再生事業に着手。いづみ荘（界 伊東）の運営開始
2014年：100周年を迎える

裏方スタッフが生んだ絶景「雲海テラス」

北海道のアルファリゾート・トマム（現星野リゾート・トマム）は「バブルの遺産」と呼ばれ、かつて経営破綻に追い込まれた大型スキーリゾートである。ここに星野リゾートが運営を受託した後、誕生した集客の目玉がある。それは「雲海テラス」と名付けられた、ゴンドラで登ったトマム山頂近くにあるカフェ付き展望台である。夏季の早朝、天候に恵まれれば壮大な雲海を眼下に眺めながら、テラスでコーヒーが飲める。雲海が見られる確率は二〇一五年夏シーズンで四九％だったが、外国人観光客も含めてその人気は高い。

「雲海テラス」のアイデアは、ご当地の専門家やマーケティングスタッフによって生み出されたものではない。普段はそうしたアイデア開発とは無縁と思われている裏方の人たちの努力によって生まれた。そして彼らを支えた裏方に、星野佳路がいた。

トマムが破綻すると、二〇〇四年に運営受託を受けた星野が乗り込んできた。そこで働いていたスタッフたちは、初めて星野に会って面食らう。星野がスタッフたちに最初に語り掛けた言葉は「リゾート運営の達人を目指そう」、「コンセプトを明確に定め、顧客満足度を上げよう」、「全員が自由に意見を出そう」といった言葉だったからだ。

彼らがそれまで聞かされ続けてきたのは、「コストカット」や「上からの命令に忠実に」であり、それに慣れたスタッフたちにとって星野の言葉は一八〇度ひっくり返る響きをもっていた。一見すると魅力的に映りそうだが、彼らは半信半疑にしかなれなかった。まして裏方の仕事をする人たち、例えばスキー場のリフトやゴンドラの運営・保守管理をする人たちにとっては、自分とはまったく関係ないことのように聞こえた。

星野リゾートの旅館・ホテルでは毎月、各部門の現状や課題を議論する「戦況報告会」が開かれる。星野はトマムを訪れるたびに、「自由な意見やアイデア」を求め、聞き役に回っていた。

ある日、星野が言った。「トマムの夏の魅力を高めるために何ができるかを考えよう」

トマムはスキーシーズンの冬場は施設稼働率が高いが、夏場は閑散としていた。そこで通年リゾート化のために、「夏期の顧客満足度」をテーマに掲げたのだ。

ある日のこと、山頂でゴンドラのメンテナンス作業を行っていた従業員たちが休憩を取ると、眼下に雲海が広がっていた。それは地元育ちの彼らにとっては「見慣れたいつもの風景」だった。しかし一人の従業員の頭に、星野の言葉「トマムの夏の魅力」と共に、「お客さんの喜ぶ姿」がよぎる。彼がぽつりと言った。

「お客さんにも、この眺めを見せたいなあ。ここでコーヒーを飲んでくつろいでほしいなあ」

何気ない一言だったが、他のスタッフにもピンと来るものがあった。「それ、いい！」「トマムの魅力ってこういうことじゃないか」と次々に声が上がった。

雲海は早朝にしか発生しない。ゴンドラのメンテナンス社員が早朝の展望台をオープンするには、勤務シフトを変える必要がある。しかもゴンドラ係の彼らに接客サービスの経験はない。レストラン部門のスタッフからコーヒーの出し方をはじめとしてサービスの作法を教えてもらいながら、苦労しつつ工夫を重ねた。

一般に旅館やホテル業では、役割分担がはっきり決まっていて、クロスオーバーすることはない。しかし星野リゾートでは仕事の担当を切り分けて分業するやり方を取らない。マルチタスクといって、各自が接客から、清掃、調理補助に至るまで、できることは何でもこなすことになっている。そして新しい提案は、提案した人が責任者となって進めるルールである。だから言い出したゴンドラ係が、テラスを運営することになったのだ。

彼らの苦闘の末、やがて雲海を眺めるカフェが生まれた。星野はその展望カフェを「雲海テラス」と名付けた。「雲海テラス」はトマムの新しい夏の風物詩となり、毎年何万人というお客を集める大ヒット企画となった。トマムの二〇一五年夏季（四～一一月初旬）の宿泊者数は、雲海テラスを始めた二〇〇六年に比べ約七五％増え、客単価も上昇し続けている。雲海テラス一〇周年の二〇一五年八月には、テラスで五つ目となる「Cloud Walk（クラウドウォーク）」が完成した。これは斜面から突き出た木製のウォーキング・デッキで、雲海の上を歩くような感覚を楽しむことができる。

「裏方」を自認していたゴンドラ担当の社員の取り組みが、トマムばかりか、北海道の新しい魅力を掘り起こした。星野は言う。

「トマムのスタッフが、顧客志向になったからこそ、実現できた。その力にはどんな専門家も勝てない」

トマムは、「アイス・ビレッジ」など他にも面白い企画を次々と生み出し、「楽しめるリゾート・ランキング」上位の常連になっている。どうしてトマムは変化できたのだろうか。

「リゾート運営の達人」とは？

星野リゾートは設立以来、「リゾート運営の達人」という経営ビジョンを掲げる。星野が社長に就任してまもなく、このビジョンを一人で定めた。会社の向かう方向を決めるのはトップの専決事項と考えていたので、この決定は社員から広く意見を集めるというステップをあえて取らなかった。

経営ビジョンがどれだけ実現されているかを測る具体的な尺度も決めた。それは「①収益」、「②顧客満足度」、そして「③環境」に関する尺度である。

この三つについては具体的な数値目標が定められている。「収益」の目標は、売上高経常利益率二〇％である。「顧客満足度」はアンケートを通じて得られるサービスや設備など四〇項目ごとにマイナス三～プラス三までの七段階評価で測られる。二・五以上が目標であり、二以下になると各施設は改善努力が求められる。

「環境」はリゾート開発＝環境破壊とならないために掲げられた。環境基準の達成度はデータ化され、環境ダメージを最小化する施設設計と運営を目指している。ちなみに「星のや軽井沢」は自然エネルギー使用量や環境配慮の設計などが評価され、「地球温暖化防止活動環境大臣表彰」などを受賞している。

星野リゾートが手がけるプロジェクトは、再生案件が多い。かつて一九八〇年代にリゾート開発が一大ブームとなったが、バブル経済が崩壊すると、地方のリゾートホテルや旅館が次々と潰れていった。星野のもとにはそうした再生案件が持ち込まれるのである。

星野は「再生を成功させるポイントは？」と聞かれて、次のように答えている。

「まず、将来どんな会社になりたいかを全員に明確に示します。…第二に、経営者が、その将来像に最短距離で向かおうとする、本気の姿勢を約束します。目標に到達するためには一円も惜しまない代わりに、一円も無駄にしないことを誓うのです。…最後に、これが最も重要だと思うのですが、社員が楽しく仕事ができる環境を提供します。どうしたら皆が仕事を楽しめるか、それを追求しています」

第一のポイント「将来どんな会社になりたいか」を示すとは、何か。それは経営ビジョン（経営理念と目標、そして戦略プロセスの総称）を社員の隅々まで共有することである。

一般に、我が国のホテル旅館業は生産性が低いといわれてきた。特に日本では旅行が休日に集中するため、宿泊施設のキャパが埋まる日数は年間わずか一〇〇日程度しかない。

施設の稼働日が少ないので働く社員もパートが多い。そして役割分担も決められているので労働効率が低く、したがって給与も安い。

再生案件は業績不振に陥った施設なので、社員の不満レベルが一層深い。彼らの声を聞けば「給与が安い」とか、「休みが少ない」などといった声がまず出てくる。しかし事業再生のためには、利益が出てくるまでは給与や休日には手が付けられない。

したがって星野は、どんな会社になったら一流企業と待遇面で肩を並べられるのか、まず示す。経営ビジョンにこだわるのだ。先に述べたように、経営ビジョンには目指すべき数値目標が決められ、その実績数値も全社員がいつでもリアルタイムで見られるようになっている。業績数値や顧客満足度調査の結果などが社内にオープンになっているのだ。だから社員の改善努力の結果は、手に取るようにわかる。

第二のポイントである「本気の姿勢を示す」は、星野の日頃の立ち居振る舞いに表れている。星野のトレードマークはTシャツにスニーカーである。この格好でどこへでも行く。社長専用の社用車はない。移動は電車を使い、都内では自分の自転車で移動することも多い。本社や各拠点に社長室はない。

これは経営陣もビジョン達成のために一円も無駄にしないという明快な社内へのメッセージになっていると思われる。

もしこれから再生をスタートする施設に星野が乗り込む際に、高級スーツで身を固め、黒塗りの豪華な社長専用車から秘書と共に降りて来たら、落ち込んでいる従業員たちはどう思うだろうか。

「特別な階級の人がやって来た！」、「どんな命令が下りてくるか」と戦々恐々となるかもしれない。あるいは「自分たちが働いても、どうせ高給取りの社長の経費に使われるだけ」と感じるかもしれない。この空気からは、少なくとも「会社のために働こう」という意欲は湧かないだろう。あの「雲海テラス」を生んだ自発性は期待できないだろう。

星野リゾートでは、年に一回、各地区で「全社員研修」を行っている。その研修の日だけは施設を休業し、社員全員が参加する。会場でまず流れるのは、社員のユニークな表情をプロモーションビデオ風にアレンジした画像である。これは星野が自ら撮影したものだ。雰囲気が和んだところで、星野は経営ビジョンを確認する。そしてこれからの具体的な経営戦略や計画を数値も交えながら説明していく。

経営ビジョンを社員と共有しようとする星野の姿勢は、半端ではない。例えば星野リゾートの社員になると、いろいろなグッズが配られる。その一つであるマグカップは「ビジョナリーカップ」と呼ばれ、カップの内側には「経常利益率」「顧客満足度」「エコロジカルポイント」の文字とそれぞれの数値目標が書いてある。そしてカップの底には「リゾート運営の達人」とある。お茶を飲み干すまでに、理念が確認できる仕掛けである。

また「星野リゾート目覚し時計」は、「起きてください」の音声とともに顧客満足度以下三つの数値目標が音声メッセージで流れるようになっている。そしてアラームを完全に止めないと、「リゾート運営の達人を目指して、今日も一日頑張りましょう」という星野の声まで流れるようになっている。

星野の姿勢は、どこまでも執拗だ。

社員が楽しく仕事ができる環境を作る

再生のポイントで最も重要なのは、三つ目の「社員が仕事を楽しめる環境を作る」ことだと星野は言う。多くの経営者が口にすることだが、人が楽しみながら仕事に打ち込めるようになるのは、仕事を任され自律的に行動している時である。自分が考えた工夫を仲間と協力しながら実行し、良い結果が出て周囲から褒められた時、最高の達成感がある。

これはマズロー「欲求階層説」が教える仮説である。この仮説は学問的には証明されていないのだが、実務家の直感によくなじみ広く使われる。

この仮説によれば、人間の欲求は五段階に階層化しており、人々は低次元の欲求が満たされて初めて上位の欲求を求めるようになる、という。人々が利己的でなくなるためにはまず食料など生存に必要なもの、つまり「生理的欲求」や「安全欲求」が充足されなければならない。そしてこれらが満たされると、人はより高次元の欲求を求めるようになる。パンがなければ生きられないが、パンがたくさんあったら上位の欲求にシフトするというわけだ。それは次のような欲求である。

- 「愛情または帰属欲求」＝集団に属し、気の合った仲間を求める
- 「尊厳欲求」＝他人から尊敬され、自信や自由を求める
- 「自己実現欲求」＝自己の能力の向上と実現を求める

マズローは自己実現欲求を「自分がなりたいものになる欲求」といっているだけで、それがどんなものかは明らかにしていない。しかしヒトが燃えるのは、自分で何がしか「やった！」と実感する時であろう。こうした環境を提供できる経営者が、人を最も活性化させるのである。

「仕事の現場で何が楽しくないかといえば、やることが決められていることだと思います。うちでは、やることを決めない、マニュアルがない。自分が関係する領域で、何をすべきかを自分で考え、好きなことをやる。もちろん、会社として将来像を示しているので、そこに近付くために好きなことをやっていいという意味ですが。予算も示しません。社員が善かれと思ってやっても、後で上司に『こんなお金の使い方をしたら、予算を達成できない』なんて言われたらつまらない。予算で行動を抑制することをしたくないのです」

何と星野は、通常のホテルビジネスが行う、マニュアルや予算によるコントロールをしないのだ。

再生案件をスタートするとまず星野がやるのは、全従業員に電子メールアドレスを持た

せることである。旅館業界では、全員がメールアドレスを持って仕事することは珍しいのが実情だ。しかし星野リゾートでは、言いたいことがあったら誰にでも、いつでもメールを送って良いというルールになっている。

そして全従業員を集め、星野の言うセリフがこれである。

「皆さんが主役だということを忘れないでほしい」

星野リゾートは再生案件を引き受ける際、調査会社も使って徹底した市場調査を行う。そのデータを明らかにしたうえで、こう告げるのだ。

「皆さんでこの施設のコンセプトを決めてほしい。コンセプト委員会を立ち上げるので、ぜひ参加してほしい」

ＮＨＫの人気番組「プロフェッショナル」第一回（二〇〇六年放送）で、伊豆・伊東の高級温泉旅館「いづみ荘（現在の『界 伊東』）」の再生プロセスが映像になった。その中でコンセプト委員会が立ち上がって議論を始めたものの、従業員は戸惑うだけで口を閉ざすシーンが出てくる。

星野自身は既に経験豊富なリゾートの達人である。奥深い多様な答えをだせる見識を身につけているはずである。しかし番組の映像では、従業員が議論の雰囲気に慣れて口を開くまで、ジックリ待ち続ける星野の姿が映っている。マーケティング調査の結果を「いづみ荘クイズ」にして面白く見せながら、彼らに問いかけるのである。

「これはどうしてなんだろう?」「○○さん、どうしたらいいの?」

星野は意見が出ると、ノートやパソコンにメモする。それを整理して、議論が弾むように皆に見せ、話を発展させる。否定的な意見は一切言わない。次第に従業員たちは星野に異議を唱えても大丈夫だと気づき始める。表情が明るくなり、議論が弾んでくる。ある従業員が言う。「こんなの初めての経験で楽しい。なんかイメージが湧いてきました」と。

この映像を見ていて感じるのは、星野の忍耐力と粘り強さである。相手の重い口が開くのを待つより、自分が答え(?)を言ってしまったほうがよほど早い。しかしこれでは人は育たない。現場の人が自ら答を出せるようにならなければ、持続可能な組織にはならない。星野がいちいち答らしきものを教えていたのでは、「雲海テラス」のような彼らの発案は生まれてこない。それではリゾート・ビジネスにならないのだ。

「経営者は知れば知るほど口を出したくなるものだが、知れば知るほど黙るのが、より良い姿だ」(ダイキン工業会長井上礼之の言葉)

まさに星野は、知れば知るほど黙る経営者だ。リゾート・ビジネスはお客のおもてなしが仕事だが、星野は社員をおもてなしするプロフェッショナルでもあるのだ。

タヒチやバリでもコンセプト委員会

星野は「ベストなコンセプトを選ぼうとしないで、最も共感するものはどれか、考えて欲しい」と社員に語り掛ける。コンセプトで求めているのは、最も優れて見えるものではない。従業員が好きだと思ったり、あるいは共感できるものを決めてほしいという。

顧客満足度の高い接客サービスには、全員のチームワークが欠かせない。共感を呼ばない進め方では、従業員のベクトルが合わず接客はチグハグになる。それでは質の高いサービスにはならない。共感できないベストなコンセプトなど、何の意味もない。

有名旅館には必ず、顧客に対してきめ細かい目配りのできる女将《おかみ》がいるものだ。星野の目標はスタッフ全員を「女将」にすることだ。女将はお客にベストと思うサービスを判断し提供するトップである。同じように星野リゾートの従業員も、サービスを意思決定するトップといえる。彼らがトップなら、支配人や経営者はトップをサポートする「従業員」に過ぎない。だから議論で結論を出すのは彼らで、彼らこそ主役であり、星野はサポートはするが「黙る」のだ。従業員がトップなら、自己実現欲求の得られる高いポジションを占めることになる。仕事は楽しくなるはずだ。

これは「逆ピラミッド組織」と呼ばれる組織モデルである。この組織は、きめ細かい顧客対応がビジネスの決め手となるような、特に高級サービスや高額品小売業（百貨店やブランドショップ）などで最も適すると考えられている。

接客サービスでは、目の前にいるお客が喜ぶと、従業員も心底うれしい。「とても心地良かったからまた来るよ」「あの気配りが嬉しかった」、こうしたお客の一言が現場を勇気づける。現場の仕事のやりがいとなる。自分が主役という意識を持てれば、現場の自由裁量から創意工夫も生まれる。お客の喜びが従業員の喜びとなり、上昇スパイラルで事業が伸びる道理である。

星野リゾートで現場に裁量権が委ねられるのは、支配人を含めた責任者の選出も同じである。支配人や小集団のチーム責任者などは、基本的に立候補制である。必要とあらば、責任者の交代は容赦なく行われる。業績が安定してくると責任者の仕事もマンネリとなり、意欲や気迫がどうしても薄れてくる。自ら手を挙げた候補者は、「私が責任者だったらこうする」という戦略を全員の前で発表し、投票で決めることになっている。組織に緊張感を与え、中だるみが防げる。社員同士が切磋琢磨しつつ、変革の空気が生まれる。

星野リゾートは今、海外の運営案件や新設プロジェクトを手掛け始めている。タヒチ・ランギロア島にあるリゾートは、既存施設の運営を委託された案件である。星野はここでもコンセプト委員会を立ち上げた。ホテル従業員を何人かのグループに分けて、「お客にどんなサービスを提供すべきか。どのように喜ばせるのか」を話し合っている。

彼らが選んだコンセプトは「打倒、ボラボラ」だった。彼らはタヒチの大リゾート・ボラボラ島に競争意識を持っていた。ボラボラに負けないリゾートを作りたいというのが彼らの情熱だった。事前の調査では「タヒチ人はあまり仕事をしない」と聞いていたが、星野は議論が活発で従業員の働く意欲は強いと感じたという。

　またバリでは二〇一六年夏の開業を目指して、「星のやバリ」を開設しようと計画している。バリは欧米の一流リゾートホテルが立ち並ぶ激戦区である。そこで働く人々について、「バリ人は怠け者」とぼやくホテル経営者もいる。

　開設計画で、まず星野はバリの生活文化や習慣を知ることから始めた。バリの人は祭りを最も大事にしている。お祭りの都合優先で仕事を辞めてしまう人もいて、それで仕事を怠けると思われているようだ。しかし祭りには特別の意味がある、と星野は知る。バリには行政機構が発達していないので、自警団を組織して村の治安も皆で守っている。共同体の団結がなければ生活が成り立たない。だから共同体の団結を維持するためにも、祭りが優先されるのだ。

　星野は彼らの文化や習慣を尊重したいと、観光客を祭りに連れて行くプランを考えている。あるいは彼らに中長期の特別休暇を用意したりしてはどうかと考えている。欧米のホテルのように、バリ人が生活の糧を得るために言われたとおりに働くという形ではなく、自分たちが誇りとする文化を観光客に知ってもらうことで彼らの喜びややりがいにつながるのではないか。彼らの生活と仕事が共存できれば、お客も従業員も共に喜び、最高のホテルになるのではないか。ここでもお客と社員の両方を〝おもてなし〟したいというのが、星野の流儀なのだ。

　「星野リゾートは欧米リゾートホテルとは一線を画し、地元の文化をサービスに落とし込む『日本旅館メソッド』で勝負します」と、星野は自らのブログに書いている。

世界でも星野メソッドが通用すれば、外資系ホテルが真似できない日本発の個性的な文化融合リゾートが生まれることになる。

「サービス提供の作業を分業化し、世界中で共通化するのが外資系ホテルのやり方。だが日本の旅館は部屋数が少ないため、外資流のサービス分業を導入しても、採算を取るのが難しい」

だから逆に、外資系ホテルは日本の旅館業に参入できない。とはいえ、日本人のもてなしや礼儀作法は世界一と言われる割には、「世界で語られるようなホテルブランドが一つもない」と星野は嘆く。

二〇一六年七月には「星のや東京」が東京駅近くにオープンする。「星のや東京」が成功すれば、尖った個性の「日本旅館メソッド」に世界のデベロッパーが注目し、進出の要請が来ることが予想される。星野が自社の将来像を例えてよく持ち出すのは、「ホテル業界のトヨタ自動車になる」である。ホテル版トヨタとなって、世界に雄飛する星野リゾートを目にする日が遠からずやってくるかもしれない。

顧客満足度の高い旅館から潰れる実態

リゾート開発ブームが去った後、地方の高級なホテルや旅館がバタバタと潰れた。そうした施設の顧客満足度が低かったかといえば、必ずしもそうではない。むしろ「顧客満足度が高い施設から潰れていく」という実態があった。

日本のサービス業の経営者は誰もが「顧客満足が一番大切だ」という。だから顧客満足の旗印のもと、闇雲なサービスの品質アップや過剰投資に走ってしまう。いきおい設備は豪華になり、食材は高級になり、人員がやたら増え始める。そして破綻へ一直線である。

しかし彼らは「どんな顧客に、どんな満足度を、なぜ高めなければならないか」を具体的に説明できないことが多い。

経営を継続するためには儲けが必要である。利益と両立できない顧客満足度に意味はない。だから星野リゾートの達成目標は最初に利益率が来る。そして顧客満足度や環境経営が次に続く。利益率を省みない顧客満足や環境経営は、企業として継続できないからだ。

そしてこれらの数値の現況は、社内にいつもオープンになっている。顧客満足度の調査結果は「ＣＲＭキッチン」と呼ぶシステムを使って、スタッフの誰もがいつでも、経営情報とともに見られるようになっている。現場のスタッフは、顧客満足度の推移をリアルタイムに把握しながら、「なぜ満足度が低下したのか」「どんな改善策があるか」などを経営視点で考えることになる。

地方の老舗旅館やリゾートホテルは同族による家業経営が多い。同族の経営陣が経営数値を見ることはできても、従業員が見ることはできない場合がほとんどである。同族経営では会社の経費と私費を公私混同しているケースが多いので、利益数値を従業員に知られたくないからである。だから「家業、生業」のままで、「企業」にはなれない。従業員が会社のために働く気にはならないのは当然だ。

数値をオープンにする経営は「オープン・ブック・マネジメント」と呼ばれる。人々に工夫と努力を促すには、投入努力とリターンの関係がわかる会計帳簿（ブック）が透明であるべきだ。もちろんトップが一円も無駄にしていないという本気をいつも見せながら。

顧客満足度の高い旅館が潰れる理由は、もう一つある。潰れる施設は、顧客の要望をすべて取り込もうとする。あらゆる顧客を満足させることには無理がある。すべてにわたって満足度を上げようと思うと、総花的サービスとなって、コストがかかる割にはそれぞれのセグメント顧客の満足度が低くなるという逆説が生まれる。

かつての大型温泉旅館のように、団体客も家族客もカップルも…と手を拡げると特色の薄れた総合デパートになるのだ。

サービス業には「ニッパチの法則」がある。これは「二割のリピート客が八割の利益をもたらしてくれる」という収益構造を意味している。リピート客は同一施設を何度も利用してくれるだけでなく、家族や友人を連れ、あるいは星野リゾートの他の施設を回遊してくれたりする。

星野リゾートでは四〇項目について七段階評価で顧客満足度調査を集計しているが、リピーターにつながる項目には偏りがあるという。すべての項目でお客を満足させることは必ずしもリピーターにはつながらない。顧客サービスにもメリハリが必要なのである。

サービス業では「イヤな客」も多い。無理な要求をする人、失礼な言葉を吐く酔っぱらい客やマナーの悪い外国人、さらにモンスター・クレーマーもいる。

星野リゾートのスタートは軽井沢の温泉旅館だった。団体の宴会客が多く、酔っぱらったお客に嫌な思いをさせられて、若い従業員は次々と辞めていった。星野はそこで心に決める。「ウチの社員に失礼なお客には来てもらわなくていい」と。宴会客をすべて断ることにして、その代わり「親子で楽しめる温泉旅館」を打ち出した。すると従業員の表情が見る見る明るくなり、従業員の士気が高まり定着率が上がったという。星野の社員「おもてなし」の信念は、こんなところから来ている。

星野リゾートではマナーの悪いお客に対して、それを見過ごすことなく「他のお客さんの迷惑になります」とハッキリ注意するようにしている。無理な注文や要望にも「できない」とキチンと言うように指示している。サービス業は愛想が良ければいいというものではないのだ。

初期設計がその後を決めるリゾート・ビジネス

星野リゾート自体は非公開会社であり、決算資料は公表されていない。ただメディアに漏れ伝わっている情報によれば、売上高は四〇〇億円を超え、経常利益率は七・三％（二〇一三年度）という。ヒルトンの税引前利益率一一・一％（二〇一四年）、スターウッドの同一〇・三％と比べるとやや劣るとはいえ、帝国ホテルの売上高五三七億円、経常利益率七・六％（二〇一四年度）にほぼ匹敵する水準である。

ホテルビジネスは元来、「装置型サービス業」である。ハードウェアへの巨額の設備投資を必要とし、そこに人手のかかるサービスが乗る。つまり減価償却費を含む設備関連費用と人件費が大きな費目として、経営にのしかかってくる。これらはいずれもほとんど固定費であり、売上がなかったとしても発生するコストである。

ホテルやリゾートの魅力はコンセプトや接客サービスが重要ではあるが、そうはいっても施設自体の魅力で大勢が決まってしまう傾向が強い。施設がボロだと、従業員がどう努力しても実らないのだ。したがって施設の初期設計で、魅力がほぼ決まる面が否めない。〈図表7－1〉はオリエンタルランドのBSとPLである。同社は東京ディズニーリゾートを運営し、テーマパークやホテル、グッズ販売などを含んだ複合事業体である。

東京ディズニーリゾートは国内最高の人気リゾートであり、平均値とは必ずしも言えないが、リゾート・ビジネスのBSとPLはおよそこんな形になる。つまりBSの高さ＝二に対して、PLの高さが一前後という関係になる。一般にホテルビジネスもBS：PL＝二：一になるのが基本形である。

図表 7-1

オリエンタルランドの比例縮尺財務諸表

（2016 年 3 月期　単位 : 億円　PL は営業利益まで表示）

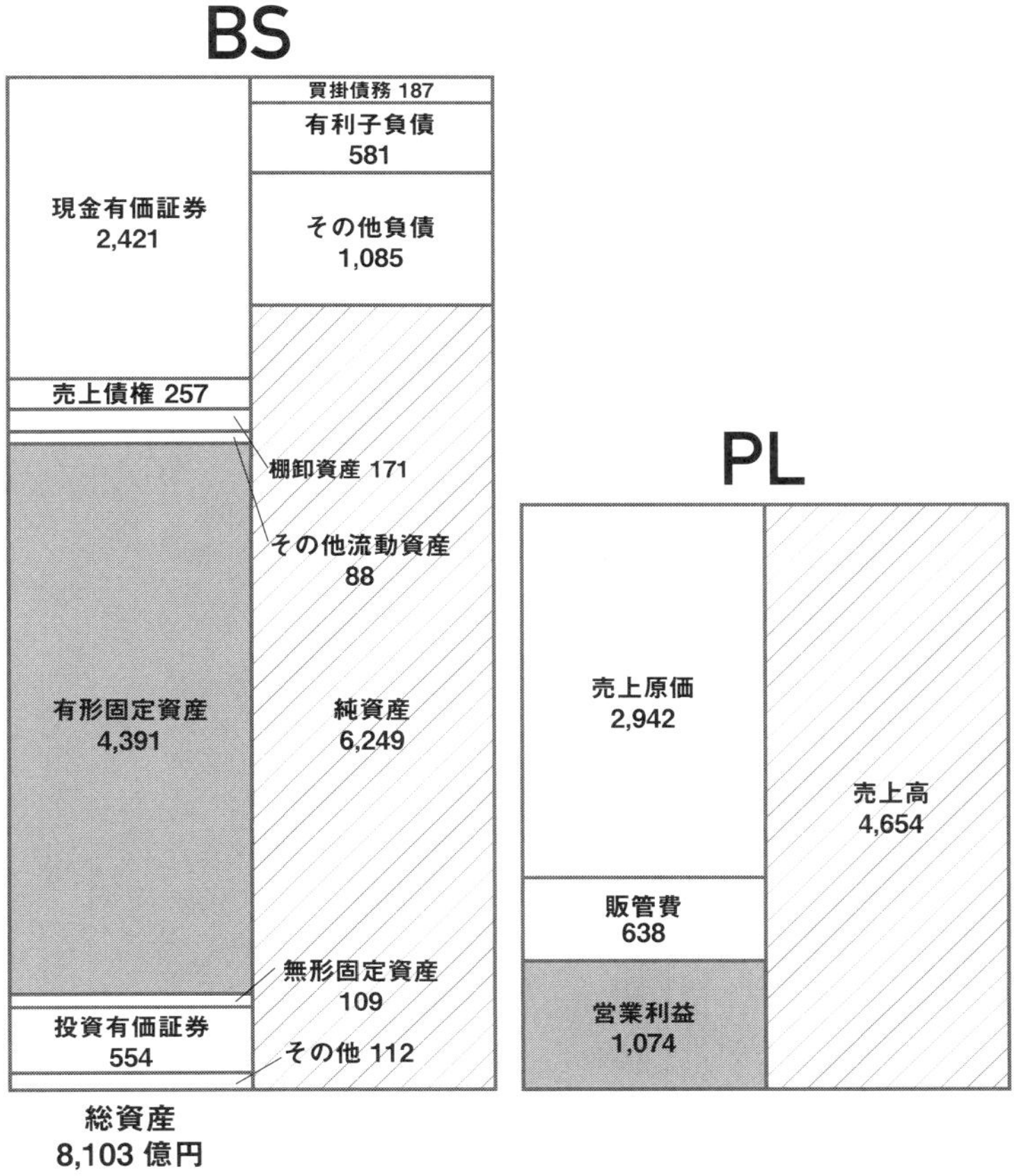

ＢＳが大きいのは有形固定資産が重く、最大の資産となるからである。オリエンタルランドの場合、現有資産の減価償却費累計額が約六七〇〇億円あるので、これを有形固定資産残高四三九一億円に加算すると、初期投資額は一・一兆円となる。つまり約一兆円設備投資して、五〇〇〇億円前後の売上が上がるのがリゾート・ビジネスの基本的な姿である。

再生案件を買収する場合、過剰投資で破綻したケースが多いので、不動産価格は減損され極めて安くなる。バブリーなリゾート物件では、破綻後に初期投資額の数パーセント程度で買収される例も多い。有形固定資産額が切り下げられるので、再生案件のＢＳはガクンと小さくなる。リゾート再生は新築物件と比べて、負担が軽くなるゆえんだ。

星野リゾートの成功要因の一つはここにある。星野リゾートはリーマンショックの前まではゴールドマン・サックス（ＧＳ）と組む案件が多かった。ＧＳは有利な取引条件で再生案件をいわば買い叩き、それを星野リゾートに運営委託してきた。星野はその中から、再生可能と思えるものを選ぶことができた。

しかしリーマンショック後にＧＳが日本のリゾート投資から撤退したため、ＧＳが担っていた資金調達と新規再生案件の買収という役割の担い手がいなくなってしまった。星野リゾートはそれを新たに補完する必要に迫られた。

そこで立ち上げられたのが「星野リゾート・リート投資法人（以下、星野リート）」である。星野リートは二〇一三年七月に上場したＲＥＩＴ（不動産投資信託）で、基本的に星野リゾートが運営する物件を中心に投資する。上場時にＲＥＩＴに組み入れた施設は、星野リゾートの基幹物件である「星のや軽井沢」と「リゾナーレ八ケ岳」、「界」ブランドの四施設など計六施設である。ＲＥＩＴがスタートを切りやすいよう、星野リゾートは不動産鑑定評価額より一三％割安な価格で星野リートに売却したと説明している。

星野リートのおかげで、ＧＳが担っていた施設拡大の停滞を防ぐことができる。星野リゾートでは、星野リゾート本体を上場する案も検討されたという。しかし星野リゾートはリゾート施設運営の達人をビジョンに描く「ソフト会社」であり、上場後に施設買収を加速して「ハード会社（不動産会社）」になれば、投資家の期待に矛盾が生じる可能性がある。そこでハードとソフトを切り分けることにしたのである。

世界のホテルビジネスの常識を使う

実はこの形こそ、世界のホテルビジネスの標準形である。世界の大手ホテルチェーンは不動産を持たず、ホテル運営事業に特化しているところがほとんどである（ブランド名だけ貸し出すフランチャイズ方式も併用するケースが多い）。不動産は投資ファンドや地場の財閥などが持つ一方で、ホテルチェーンは多額の不動産投資資金を必要とせず、運営ノウハウさえあれば少ない資金負担でネットワークを広げ、成長を下げることができるからである。例えば世界最大の部屋数を持つ米マリオット・インターナショナルは、世界七九

図表 7-2

星野リゾート・リートの投資法人の業績

（決算期間は 6 か月。第 5 期＝ 2015 年 5 月～ 10 月。同投資法人 HP より）

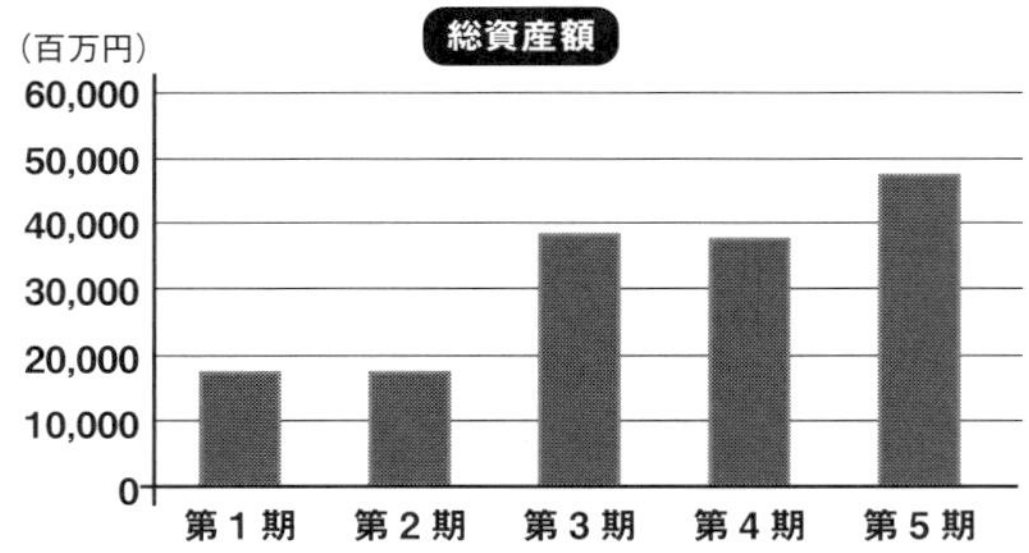

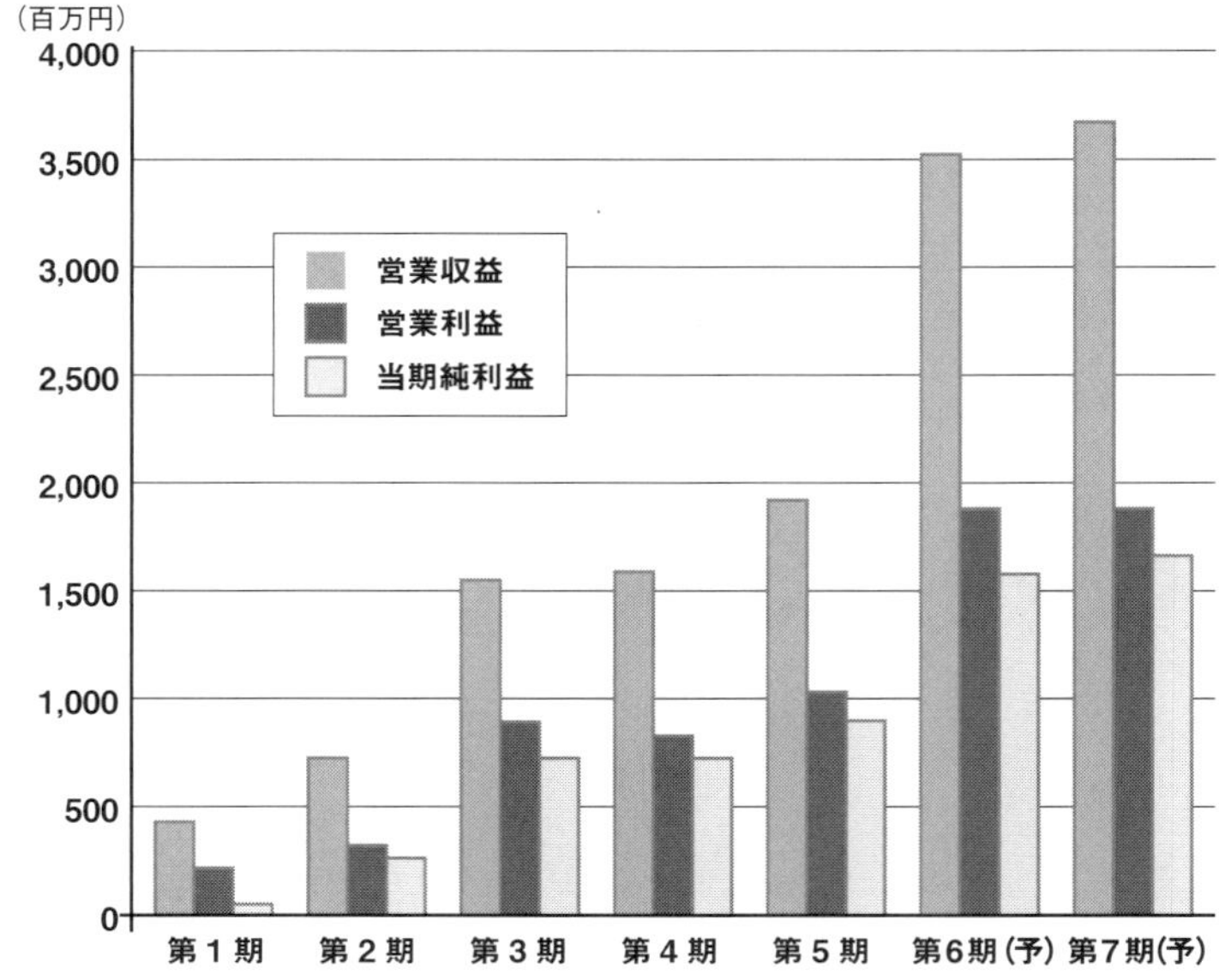

か国に一九のブランドで四一〇〇ホテル（客室数約七〇万）を展開し、運営受託を中心として売上高約一四〇億ドル（約一兆六八〇〇億円〈一ドル一二〇円換算、二〇一四年〉）を上げる。国内首位のプリンスホテルはホテル不動産を所有して運営するスタイルを続けているが、その売上高一六四八億円と比較すると、格差が大きいことがわかる。

ちなみに〈図表7－2〉は星野リゾート・リート投資法人の業績である。順調に総資産、売上高（営業利益）、利益を伸ばしていることがわかる。同法人の決算説明会資料（第五期＝平成二七年一〇月期）によれば、取得価格に対する運営純収益（減価償却費など控除前）の利回りは、「星のや軽井沢」が七・六％、「リゾナーレ八ヶ岳」九・九％、「界 伊東」一〇・三％などとなっていて、高い水準を達成している。星野リゾートが徐々にブランド化し、認知度や利用意向度の上昇傾向が高い利回りの裏付けになっている（〈図表7－3〉参照）。

ただし星野リゾートと星野リートは同系列となるので、「利益相反」の批判はまぬがれない。リートは星野リゾートからなるべく安く物件を引き取りたいし、高い賃料を取りたい立場にある。しかし星野リゾート側に都合の良い条件で、売買価格や賃料が設定される可能性がある。そういった批判が起きないように、恣意性の入らない取引関係を工夫しているという。現在までのところ、星野リートの評価は高く、株価も高く推移している。

面白いのは星野リートが上場時の増資資金の一部一四〇億円で、米系投資ファンドから

図表 7-3

星野リゾート顧客認知率・利用意向度推移

（星野リゾート・リート投資法人 HP より。星野リゾート調査）

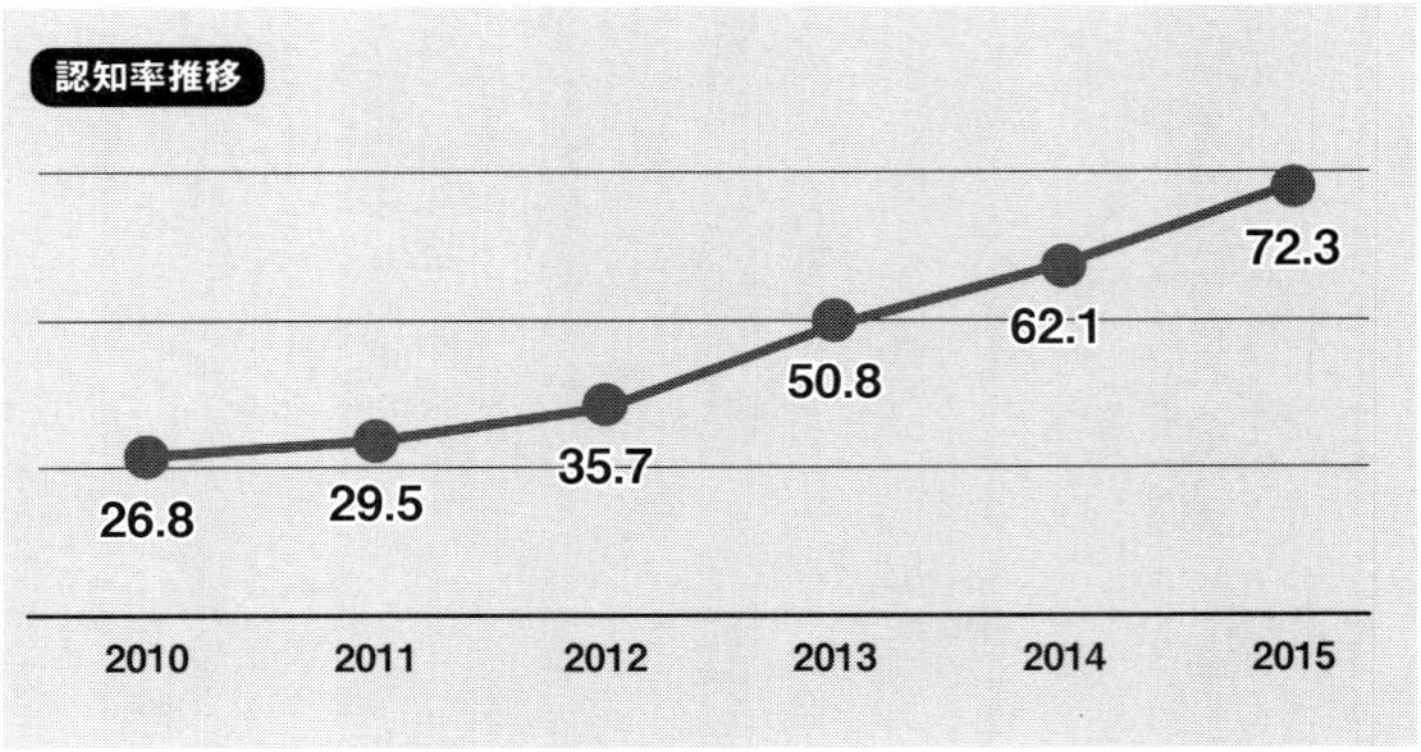

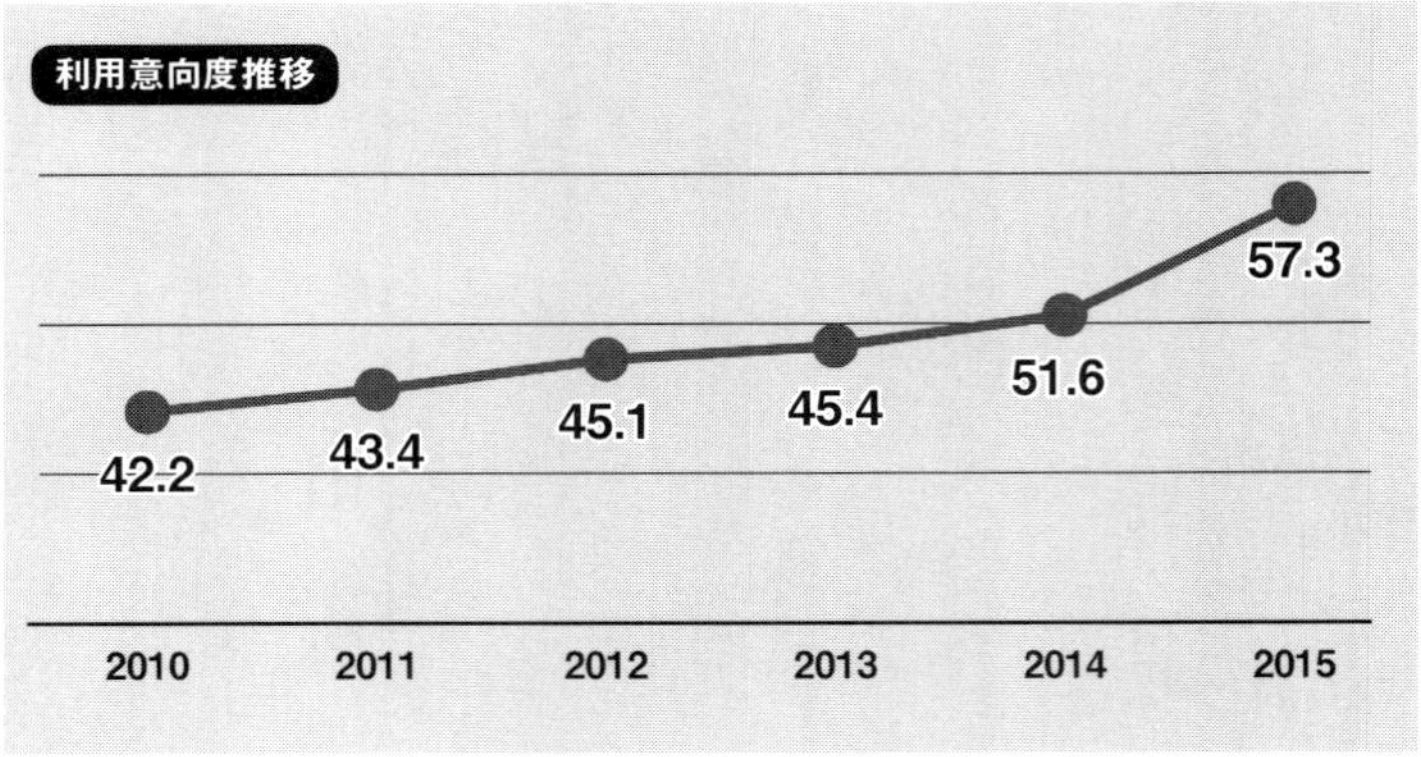

ロードサイド型ビジネスホテル「チサンイン」二一物件を購入したことだ。また二〇一五年一〇月には「ＡＮＡクラウンプラザホテル」四棟を三六〇億円で買収した。

いずれもビジネスホテルで、今までの星野リゾートの事業領域からは外れている。しかし観光需要がビジネスホテルに奪われている現実もあり、近い将来、星野リゾートはビジネスホテルの運営事業に参入する意向を持っているようだ。

一方で二〇一五年一一月には、あの「雲海テラス」の星野リゾートトマムの株式すべてが中国の商業施設運営会社である上海豫園旅游商城に一八三億円で売却された。もともとトマムの株式はオランダ籍のファンドが八〇％、星野リゾートが二〇％保有していたものであり、星野リゾートが運営する関係は変わらない。

サイエンスと経験で学びアートで花開く経営

ここまで述べてきたように、星野は確固たる独自の経営流儀をもっている。彼は経営をどこでどうやって学んだのだろうか。

星野は一九〇四年に創業した軽井沢の老舗・星野温泉旅館（現星野リゾート）の長男として一九六〇年に生まれた。星野は幼少の頃から祖父がいつも「この子が四代目です」と周囲に話していた。当然、星野は自分が家業を継ぐと思っていた。

慶應義塾大学卒業後に渡米して、コーネル大学ホテル経営大学院で学ぶ。コーネルは世界最高峰のホテル経営者育成のためのビジネススクールで、ホテル業のMBAに当たるMPS（Master of Professional Studies。現在はMMH＝Master of Management in Hospitality と名称が変わっている）を取得できる。ちなみに日本も含めて世界の有名ホテルの支配人やCEOはコーネルのMPSを取った人が多い。

コーネルで星野は日本に目覚める。五〇人ほどいた大学院の同級生がドレスアップして集まるセレモニーで、スーツで出かけた星野に同級生の一人が不思議そうに声をかける。

「何でホシノは英国の真似をしているんだ？」

インドや中東から来た留学生は民族衣装に身を包んでいた。星野は日本文化に誇りを感じていなかった自分を恥じた。そして気づくのである。

「着物や浴衣姿だと、同級生の中で僕が一番カッコイイ。なぜ、それを着てこなかったのか」

「日本の温泉旅館は、箸を使って食事をして、畳の上で眠り、見知らぬ他人が裸で同じ湯船につかる世界でも珍しい業態。そこには日本文化の神髄が詰まっている」

留学して初めて「古くさいと思った星野旅館こそが、実は王道だった」ことを痛感した。卒業後は米国に残り、日本航空開発（後のJALホテルズ）に就職し、シカゴのホテル開発などを手がけた。一九八九年に帰国して、星野温泉にいきなり副社長として入社する。

時代はバブル経済の絶頂期で、観光業界もバブルに踊っていた。業界動向に危機感を持った星野は、コーネル仕込みの経営手法を社業に持ち込もうとした。しかし星野の改革は父・嘉助とことごとく対立することになる。嘉助はワンマンで、会社では星野一族は「特権階級」だった。佳路に同調してくれるスタッフもいたが、「あんたも特権階級の一人」と言われていたたまれなくなり、会社を半年で辞めた。

しかしバブルが弾けて危機が訪れた社内に、「佳路を呼び戻せ」の声が高まる。星野は一九九一年に星野温泉に復帰し、社長に就いた。父には引いてもらい、再び改革に取り組んだ。トップダウンによって事業のあり方を全面的に見直し、顧客満足度調査や数値管理を取り入れた。

しかし「御曹司のトップダウン改革」に反発する社員がどんどん辞め始める。とうとう当時の社員の三分の一が辞めてしまった。星野はハローワークに通い、人を募集するが、ある時ハローワークの壁にこう書かれてあるのを発見する。

「星野に行けば殺される」

人が集まらず、翌日の宴会準備にも支障をきたすありさまだった。星野は辞めると言い出した社員を引き留めようと、必死に話し合った。そして気づくのである。

社員が辞める最大の理由は、「組織に対する不満」だった。彼らはトップダウンで命じられて動くことに疲れていた。不満を募らせても意見を言う場がなかった。そしてここが星野の凄いところなのだが、星野はリーダーシップスタイルを変えることを決意する。

「自分の判断で行動してもらうことで、社員のやる気を高めよう。言いたいことを言いたい時に言いたい人に言えるようにしよう。そしてどんどん仕事を任せよう」

やがて社員の退職問題は収まっていった。しかし今度はせっかく採用した新卒社員が辞め始める。彼らに理由を聞くと、「仕事には満足しているが、自分のライフステージを考えると、ずっと軽井沢にいられない」という者が多かった。

そして星野はここでも気づくのである。「社員が働き続けられる仕組みを考えよう。会社を変えよう」。そのためには会社を成長させ、多様な働き方を提示できるようにならなくてはならない、と。

現在の星野リゾートには、多様な働き方の制度が用意されている。完全な在宅勤務制度や、季節に応じて勤務地を変えられる制度「ヌー」、休日を多くしたい社員向けの「ホリデイ社員」など、いろいろある。最長一年間会社を休職できる「エデュケーショナル・リーブ」は、自分を成長させたいと考えている人向けの制度で、経営大学院に通ったり、ボランティアで働いたりすることができる。

星野は社員と向き合い、そして学んだからこそ、社員のアイデアを引き出す裏方の役割を務められる経営者になった。経営のプロとは、何かの完成形を指しているわけではない。もともと経営に完成はない。だから学び続ける経営者の姿勢こそ、プロの証なのである。

日本の観光をヤバくする

日本の観光産業の成長ポテンシャルは高いといわれている。星野は言う。

「観光大国になれる条件は『安全』『文化の知名度』『交通』の順と言われる。日本は五大観光国と比較しても、最も安全で、文化的知名度もあり、交通アクセスも非常にいい。……にもかかわらず、日本の観光業は世界の中で二流、三流の位置にとどまっている」

世界経済フォーラムが発表した二〇一五年の観光競争力ランキング（一四一か国・地域）では、日本は前回の一四位（二〇一三年調査）から九位に上昇し、初めてトップ一〇入りした。「顧客への対応」や「鉄道インフラ」などで一位と評価されたことが効いている。しかし一方で、日本の二〇一四年の外国人旅行者受け入れ数は世界二二位、アジアで七位。国際観光収入も世界一七位、アジア八位にとどまっている。

二〇一五年の訪日外国人客（インバウンド）は、過去最高だった二〇一四年の一三四一万人を大きく上回り、二〇〇〇万人にあと一歩のところまできた。

観光庁の推計によると二〇一三年の国内旅行消費額は二三兆六〇〇〇億円で、付加価値効果は一一兆三〇〇〇億円にのぼる。国内総生産（ＧＤＰ）の二・四％にあたり、輸送用機械に匹敵する。ただし旅行消費額に占めるインバウンドの割合はまだ七％で、日本人の宿泊・日帰り旅行が約九割を占める。日本人の一人当たり国内宿泊観光回数は、二〇一四年で一・三回と〇六年の一・七回より減少している。日本人による日本の旅行はむしろ低迷しているのだ。

一方、二〇一四年の外国人客の買い物消費額は、「爆買」のおかげで二兆円を突破して過去最高を記録した。消費税の免税拡充もあり、買い物代が初めて宿泊費を上回った。日用品や化粧品の売上が急増して生産増強に動くメーカーが相次ぎ、インバウンド消費で潤う産業の裾野が広がっている。旅行収支も二〇一四年度は二〇九九億円の黒字と五五年ぶりに黒字収支に転じた。

政府はインバウンド観光客数の目標を「二〇三〇年に四〇〇〇万人」に上方修正したが、二〇〇〇万人台半ばになると、航空網や宿泊施設不足は顕著になると予測されている。日本の観光の質の低下につながることも懸念されている。

それ以前に、高い目標のためには観光産業の経営力を強化しなければならない。また従業員の給与水準の引き上げやＩＴ投資等を含めてノーマルな産業にしていくことが求められる。

「日本の観光を世界の一流にする。これは私にとって使命だと考えている」

こんな思いを星野は「日本の観光をヤバくする」というコピーにして、広めようとしている。「ヤバい」とは若者言葉で「スゴイ！　素晴らしい」という意味である。この言葉はもともと星野が書いた文章を若い社員が読み、「これじゃ硬くて面白くない」とコピーを考えたものだ。

「日本の観光をヤバくする」のは施設の初期設計はもちろんだが、結局お客の望みをスタッフが汲みとり、判断して応えていくしかない。規模を拡大し、業務標準化によって効率化したとしても、最終的に観光ビジネスの競争力を決めるのは、スタッフの対応である。

星野リゾートで起こった顧客が感激した事例やクレームの事例を、星野は社内向けのブログや研修などで共有している。社員に考えさせ、同じような事例が起こった時に解決の糸口を見つけ、最前の手を打つことができるようにとの思いからである。トヨタが日々行っている「カイゼン」と同じように。

星野リゾートのＨＰには、次のような星野の言葉が載せられている。

「『一〇〇年後に旅産業は世界で最も大切な平和維持産業になっている』と私は大胆予測をしています。世界の動きに大きな影響を与えている民意、その民意に少なからず影響を与えるのが旅であるという仮説。国内各地を訪れることで自らの国を深く理解することができる、外国に行くことで他国の文化や豊かさを感じることができる。そして旅をすることでその場所に住んでいる人たちと触れ合い、友人になることができる。

『世界の人たちを友人として結んでいく』、それは他の産業にはできない、旅の魔法なのです。星野リゾートはそういう視点を持ち、次の一〇〇年の事業に取り組んでいきます」

星野がヤバくしたいのは日本だけでない。日本旅館メソッドを通じて世界をヤバくしたい、と考えている。

星野の「日本と世界の観光をヤバくする」活躍に、心から期待しようではないか。

おわりに　プロ経営者たちは勉強している

私がビジネススクールで教授職に就いてから二二年経った。ビジネススクールに奉職する前は、二〇年間実務家として仕事をした。その二〇年のうち五年は監査法人でコンサルティングに携わり、二年間ビジネススクールで勉強し、その後一三年間、自ら設立したコンサル会社のトップを務めた。したがって私は四二年のうち、実務家と教育者という立場として、ほぼ半々ずつ過ごしたことになる。

四二年間、実務界と学界の両方にかかわって、経営教育について自分なりに見えたものがある。それは次のようなことである。

- 良い経営者がいれば、日本は世界で勝てる
- しかし日本企業の弱点は経営トップにある
- 今の日本企業に足りないのは経営教育である
- したがって経営教育に本気になれば、日本は勝てる！

なぜ「日本企業の弱点は経営トップ」（ドラッカー）かと言えば、それは日本の中間管理職層が経営を勉強する機会を与えられなかったから、と私は考えている。

日本のビジネスパーソンたちは入社以降、専門教育を受けてきたはずである。営業に配属された人たちは営業に必要な知識を、技術職に配置された人は技術を学んできたはずだ。人事部門や財務部門、情報システム部門の人たちも同じだろう。本を読み、セミナーに通って学習し、実践でトライし、工夫して成長してきたはずである。

であるならば、経営も勉強すればいい。少なくとも経営者予備軍の人たちは、座学で経営を勉強し、実践で適用し、必要な見識を蓄積すればいいのである。

経営のプロの要件は「志、理論、経験値」の三つと言った。

志を磨きたいと思うならば、旅をすればいい。孫正義がシリコンバレーで開眼したように、似鳥昭雄がアメリカの豊かさに打ちのめされて理想に目覚めたように、星野佳路が従業員の反発から自分のスタイルをつかんだように、岡藤正広が地方支店の苦労を知り自分の信念を形成したように…。たくさんの人々に会い、自分の卑小さを知り、個性ある人々から刺激を吸収して夢を膨らませていけばいい。人間は成長する動物である。

そして日本に足りないのは、専門教育ではなく経営教育だ。

その点、経営のプロたちはものすごく勉強している。

永守重信は「かまぼこ」とあだ名されるくらい猛勉し、財務の本まで書いた人である。新浪剛史は落選にめげず、三度目にして半ば強引にハーバードMBAまでゲットした。松本晃は伊藤忠で経営の基礎を学び、J&J経営の神髄「クレド」で自分の経営スタイルを確立した。

いずれ劣らず猛勉の末、今日を築いた人たちである。繰り返して言いたい。

日本企業の弱点は経営トップであり、もしミドルにトップ教育のチャンスを広く提供することができれば、日本企業は勝てる！

この本は現役の経営者について書いているが、あえてインタビューは実施しなかった。この本で取りあげた経営者たちは、メディアへの露出が抜群に多いからである。筆者単独のインタビュー取材より、メディアを広く利用するほうがはるかに豊富な情報が得られた。ただし時々、相矛盾する記事に出会い困ったこともあったが…。

『日経ビジネス』、『週刊東洋経済』、『週刊ダイヤモンド』、『日本経済新聞』その他のメディアについて、多く利用させていただいた。また集めうる限りの評伝などの書籍も参考にした。経営者個人や企業のホームページも参照した。それらの記述の中から、経営者の発言を中心に引用させていただいた。いちいち脚注で出典をリファレンスすると紙面が煩雑になるので、大方は省いた。お礼を申し上げるとともに、ご了解いただきたい。

またやはり読みやすさを考慮して、登場人物の氏名はすべて敬称を省略させていただいた。これもご容赦いただきたい。

この本の執筆のきっかけは、早稲田大学ビジネススクールの広報を担当しているグッドアングル真角暁子さんとその前任の野呂ゆうきさんから、「ＤＩＡＭＯＮＤハーバード・ビジネス・レビューオンライン」への原稿依頼をいただき、筆者が「プロ経営者の時代」を五回連載（三人の経営者を紹介）で執筆したことによる。

そして『ＤＩＡＭＯＮＤハーバード・ビジネス・レビュー』編集長・岩佐文夫氏や副編集長・大坪亮氏、編集部・肱岡彩氏らに目を止めていただき、単行本として出版する運びになった。皆さんにあらためてお礼を申し上げたい。

過去の原稿のストックは若干あったものの、この本はあらためて最近時までの事実をレビューし、全面書き下ろしとした。したがって筆者の体力にとって厳しい大仕事となった。無事出版に至ったのは、皆さんのサポートと激励のおかげである。

また今回もいろいろ迷惑をかけた筆者の連れ合いにも、感謝！

二〇一六年六月

山根 節

［著者］
山根 節（やまね たかし）
1973年、早稲田大学政治経済学部卒業。74年、監査法人サンワ事務所（現トーマツ）入社。82年、慶應義塾大学大学院経営管理研究科修士課程修了後、コンサルティング会社を設立。
慶應義塾大学ビジネススクール教授（現名誉教授）を経て、2014年から早稲田大学ビジネススクール教授。2019年よりビジネス・ブレークスルー大学院教授。
商学博士。専門は、会計管理、経営戦略、マネジメント・コントロール。
著書に『「儲かる会社」の財務諸表』、『経営の大局をつかむ会計』（ともに光文社新書）、『MBAエグゼクティブズ』（中央経済社）、共著に『ビジネス・アカウンティング〈第4版〉』（中央経済社）、『なぜ、あの会社は儲かるのか?』（日経ビジネス人文庫）などがある。

なぜあの経営者はすごいのか
数字で読み解くトップの手腕

2016年6月16日　第1刷発行
2022年11月25日　第4刷発行

著　者——山根 節
発行所——ダイヤモンド社
〒150-8409　東京都渋谷区神宮前6-12-17
https://www.diamond.co.jp/
電話／03·5778·7228（編集）　03·5778·7240（販売）
装丁————bookwall
本文デザイン・DTP—新田由起子（ムーブ）
校正————加藤義廣
製作進行——ダイヤモンド・グラフィック社
印刷————八光印刷（本文）・新藤慶昌堂（カバー）
製本————ブックアート
編集担当——肱岡 彩

ISBN 978-4-478-06959-2

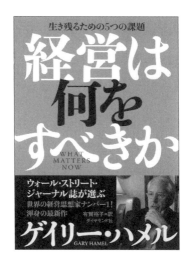